DÉVELOPPER DES COMPÉTENCES INTERCULTURELLES

Promesses et périls d'un dispositif pédagogique

Collection « Enfance, éducation et société »

Cette collection regroupe des études et essais concernant l'enfance au travers d'approches multiples.
Études universitaires et essais issus du monde de l'éducation ou du secteur du travail social, ces travaux ont en commun la même préoccupation : apporter un éclairage diversifié sur un domaine essentiel de l'univers des sciences humaines.

Dernières parutions

Sylviane Guihard-Lepetit, *Apprentissage de la lecture et besoins éducatifs particuliers. L'exemple d'élèves bénéficiant du dispositif Ulis*, 2022.
Séverine Fix-Lemaire, *L'épreuve de l'enseignement moral et civique à l'école. Analyse psychanalytique de l'embarras de trois professeurs des écoles*, 2022.
Nathalie Roques, *Aider les élèves en mathématiques dès l'école primaire. Guide des pratiques du* What Works Clearinghouse, 2022.
Pierre Bringuier, *Comment motiver ses élèves ? Boîte à idées pédagogiques*, 2022.
Abdulrahman Khallouf et Florent Viguié, *L'islam et la laïcité vus par des lycéens. Questions/réponses entre jeunes, enseignant et poète,* 2022.
Céline Carette et Céline Hasbrouck, *Élèves en situation de polyhandicap*, 2022.
Jean-Claude Martin, *Un engagement en éducation et recherche*, 2022.
Véronique Lemoine-Bresson, *Croyances et savoirs d'enseignants allemands et français*, 2021.
Sylviane Guihard-Lepetit, *Déficience intellectuelle et apprentissage de la lecture*, 2021
Gilles Henry, *Le système français de protection de l'enfance. Entre complexité et incomplétude*, 2021.
Holly Figaro Many, *Pédagogie de résilience*, 2020.
Sébastien Peyrat, *Être Conseiller Principal d'Éducation en banlieue*, 2020.

Véronique Lemoine-Bresson

DÉVELOPPER DES COMPÉTENCES INTERCULTURELLES

Promesses et périls d'un dispositif pédagogique

Préface de Pascal Tisserant

De la même auteure
dans la même collection

Croyances et savoirs d'enseignants allemands et français. (Re)penser l'interculturel à l'école, 2021.

5-7, rue de l'Ecole-Polytechnique, 75005 Paris
http://www.editions-harmattan.fr
ISBN : 978-2-14-029193-7
EAN : 9782140291937

Préface

Pascal Tisserant est maitre de conférences en psychologie sociale à l'Université de Lorraine, au laboratoire PErSEUs. Il est vice-président EDI (Egalité - Diversité - Inclusion) à l'Université de Lorraine. Il assure la mission de prévention des discriminations et de promotion de la diversité à l'Université de Lorraine.

La question de la diversité culturelle et du racisme dans l'enseignement est particulièrement complexe à traiter. En France, les propositions d'intervention en direction des professionnels concernés et les travaux de recherche consacrés à ce sujet sont peu nombreux. Forte d'une expérience dans ce domaine, Véronique Lemoine-Bresson ose avec cet ouvrage lever un tabou en abordant la problématique sous l'angle des compétences interculturelles.

Sans chercher à dissimuler les débats et les enjeux actuels ou à les aborder de façon frontale, l'auteure traite le sujet en douceur et avec tact, en s'appuyant notamment sur l'analyse d'une situation concrète et originale de formation auprès d'étudiantes et d'étudiants de Master MEEF. L'intérêt des constats et de l'argumentation qui précèdent la présentation du dispositif et des résultats ouvre des pistes de réflexion visant à aider les enseignantes et les enseignants à prendre en compte avec professionnalisme la diversité culturelle à l'école.

À travers neuf chapitres étayés de références issues principalement des sciences de l'éducation, de la sociologie et de la psychologie sociale, l'auteure commence par justifier l'intérêt de la notion de compétences interculturelles pour faire face à la situation actuelle. L'omniprésence des préjugés raciaux, la difficile acceptation du racisme par l'institution scolaire, l'idéalisation de la diversité culturelle, le manque de formation des enseignantes et des enseignants, l'usage complexe de la notion de race mais aussi de celle de diversité sont abordés sans détour mais de façon à inviter le lecteur ou la lectrice à s'approprier le sujet et la démarche proposée. En effet, la présentation d'un dispositif d'intervention concret complète la réflexion théorique tout au long de l'ouvrage. Le matériel stimulant le recueil de discours auprès des participantes et des participants est composé d'un ensemble de photographies d'étudiantes et d'étudiants étasuniens exposant des microagressions sociales, raciales et genrées dont ils ont été victimes (Kyun, 2013). L'analyse des données recueillies révèle l'intérêt du dispositif, les compétences interculturelles mises en œuvre dans l'évocation des photographies, l'interrogation de la posture de l'enseignant face à ces situations mais également les cas de microaggressions dont chacun a pu être victime, au-delà de celle de la race ou de l'origine. Par conséquent, tout en conservant comme fil directeur la thématique du racisme et de la diversité culturelle, l'analyse articule habilement la spécificité de ces identités sociales à d'autres appartenances sociales, notamment celle du métier d'enseignant.

Ce résultat démontre l'intérêt d'une prise en compte globale de la diversité évitant les approches en silos ou qui segmentent les questions de discriminations comme le dénonce le récent Kit de prévention des discriminations dans l'enseignement supérieur réalisé par l'AFMD (Association française des managers de la diversité) et la

CPED (Conférence permanente des chargé.e.s égalité et diversité ou mission assimilée des établissements d'enseignement supérieur et de recherche).

Cette perspective rejoint également celle de la Commission nationale consultative des Droits de l'Homme (CNCDH) pour qui la lutte contre le racisme, l'antisémitisme et la xénophobie est indissociable de celle de la formation aux discriminations.

Le 19 juillet 2022 la CNCDH a publié son 31e rapport annuel sur la lutte contre le racisme, l'antisémitisme et la xénophobie dans lequel elle consacre un important focus sur formation et la sensibilisation de l'école à l'Université. La CNCDH rend compte aussi du fait que certains personnels enseignants préfèrent éviter ces sujets trop sensibles et qu'ils sont insuffisamment formés et préparés à gérer la diversité culturelle. Pour ce faire, elle formule des recommandations dont plusieurs font écho aux propos défendus par Véronique Lemoine-Bresson dans cet ouvrage :

- « unifier le contenu des formations en tronc commun sur le racisme, l'antisémitisme et les discriminations à l'attention des futurs enseignants afin d'éviter les trop grandes disparités entre les académies et à renforcer la partie du tronc commun consacré à la réflexivité professionnelle » (recommandation n°10)
- « mesurer l'impact à long terme des formations sur le racisme, l'antisémitisme et les discriminations à l'attention des enseignants sur les attitudes, les compétences professionnelles acquises et les pratiques effectives » (recommandation n°11)
- « la mise en place de modules obligatoires dans la formation continue des enseignants portant sur la lutte

contre le racisme, l'antisémitisme, les discriminations et les préjugés » (recommandation n°12).

Souhaitons que ces recommandations soient suivies et que cet ouvrage puisse être une des pistes de réflexion visant à développer les compétences chez les enseignantes et les enseignants pour les aider à faire face à la diversité culturelle que l'institution comme ses représentants ne peuvent pas nier. Rester aveugle à la diversité des appartenances sociales et de leurs possibles tensions, c'est prendre le risque de renforcer les différentes formes de violences (*microagressions* ou situations de haine caractérisée) qui affectent le climat des établissements mais également la santé des personnels et des usagers, à l'école comme à l'Université.

Chapitre introductif

Dire que l'école accueille la diversité culturelle des élèves relève d'un truisme. On enfonce une porte ouverte. Il suffit d'observer les classes, d'échanger avec les parents quand ils viennent récupérer leurs enfants en fin de journée, de s'intéresser aux biographies langagières et culturelles des enfants, de recueillir les questions des enseignants, comme l'ont fait Auger et Le Pichon-Vorstman (2021). Mais la façon de prendre en compte la diversité culturelle n'est en rien une évidence. C'est une problématique éducative dont l'enjeu de justice sociale et d'inclusion de tous les élèves relève d'une gageure ; tant pour les écoles que la formation des étudiants futurs enseignants, en master Métiers de l'Enseignement, de l'Éducation et de la Formation (MEEF). En atteste, depuis 2015 déjà, la Déclaration d'Incheon-UNESCO (« Éducation 2030 ») qui pose un cadre d'action pour la mise en œuvre d'une éducation équitable, inclusive et de qualité pour tous et tout au long de la vie. Il s'agit de s'engager à « lutter contre toutes les formes d'exclusion et de marginalisation » (Déclaration d'Incheon-UNESCO, 2015, p. 7).

La prise en compte de la diversité culturelle s'inscrit dans des questions socialement vives ou encore QSV, qui accordent une priorité au développement de la pensée critique et à l'émancipation des citoyens (Legardez et Simmoneaux, 2006) et qui présentent trois caractéristiques notoires. Premièrement, la question de la prise en compte de la diversité culturelle a une vivacité dans la société, en témoignent les récents débats en période électorale française (Présidentielle 2022). Elle est, comme on le constate, imprégnée d'idéologies, se prêtant « aux réappropriations et aux détournements » (Lorcerie, 2021, p.

14). La diversité culturelle pose problème pour certains. On le remarque dans les débats politiques où elle peut être considérée comme « un frein possible à la cohésion sociale » (Baugnies et al., 2022, p. 5). Pour d'autres, elle est vue comme un enrichissement pour favoriser le vivre ensemble, suscitant l'intérêt des acteurs de l'éducation et de la formation, et celui des étudiants en master MEFF. Mais aussi, les questions de la diversité culturelle engendrent des problématiques de rapport entre les cultures, dans une approche souvent hiérarchisante, eurocentrée et essentialisante. Des débats aux émotions vives animent les échanges à l'école. Les familles et les enfants qui parlent une autre langue que le français, qui sont désignés comme étant « d'une autre culture », dérangent et bousculent les pédagogies classiques. Les phénomènes et les dénominations qui sont afférents à ces sujets circulent sans distanciation dans le discours commun et provoquent des débats souvent sans issue (identité, racisme, stéréotypes, discours sur genres, sur égalité filles-garçons à l'école, etc.).

Deuxièmement, la question de la diversité culturelle a une vivacité dans la littérature, notamment depuis que le terme est apparu et se soit diffusé, d'une part dans la sphère publique et d'autre part dans les textes officiels de l'école, dans les années 2000. Diversité se devait de remplacer le terme de différences, dont l'utilisation a semblé mener soit au rejet d'autrui ou à sa survalorisation (accentuant les aspects folkloriques de l'autre), soit à des révoltes ou des revendications (Memmi, 1982). Le terme *diversity* est tout droit venu des États-Unis dans le cadre d'un mouvement de lutte contre les discriminations (Haas et Shimada, 2014). En France, il désigne les minorités françaises dans des discours politiquement corrects, référant aujourd'hui « tacitement à la part de population nationale qui descend des flux migratoires d'après la seconde guerre mondiale et qui est perçue comme différente au regard des normes identitaires prévalentes » (Lorcerie, 2021, p. 12). De nombreux secteurs se sont emparés du terme de diversité selon Wieviorka (2005), allant de l'UNESCO aux milieux économiques, en passant par les acteurs de lutte contre les discriminations, et se propageant dans le milieu scolaire. La littérature souligne qu'il s'agit d'un construit social hautement idéologique, éminemment politique, social et culturel qui entre en tension avec le concept d'égalité à l'école française. Le terme évincerait ou mettrait au second plan la lutte pour l'égalité (Mossuz-Lavau, 1998 ; Mickaels, 2009). Dans leur ouvrage *Les cultures à l'école*, Lemoine-Bresson et Trémion (2022) montrent qu'à l'école ces deux valeurs *diversité* et *égalité* sont des contraires qui fonctionnent cependant en tandem. Les autrices soulèvent le problème de l'approche binaire qui enferme la pensée dans le cercle vicieux de la contradiction insoluble, à savoir devoir choisir entre l'une des valeurs contre l'autre. Déjà en 2011, Ogay et Edelmann proposent de les penser dans un contrebalancement de l'une par l'autre et d'être vigilant aux effets d'exagération. Dans un effet d'exagération, l'égalité devenant indifférence et la diversité devenant la culturalisation d'autrui. Ainsi, dans la littérature et dans les réalités des territoires, la diversité culturelle est déclinée dans diverses aires géopolitiques, désignant unanimement le fait « que le pays reconnait qu'il existe en son sein des membres nouveaux venus, qui, de fait, n'ont pas le même statut que les autres dans l'imaginaire du Nous collectif » (Lorcerie, 2021, p. 11). Diverses visions cohabitent en Europe et au-delà, comme le soulignent Dervin et Jacobsson (2021a) : la *Community of Shared Future*, la *Dowa Education*, l'*Interculturalidad*, l'*Agonistic Palabre*. À l'école, si la diversité culturelle est admise comme un fait, sa prise en compte, selon Auger et Le Pichon-

Vorstman (2021), a du mal à se faire une place en classe. La diversité culturelle a du mal à être assumée par des enseignants qui clament le manque de formation.

Troisièmement, en tant que QSV, la diversité culturelle a une vivacité dans les savoirs scolaires, entre autres dans les contenus d'enseignement en langues vivantes et les manuels afférents. L'étude de ces derniers, et particulièrement ceux du secondaire, montre l'influence de l'histoire ou de la médiatisation de certains phénomènes liés à la diversité culturelle. Le manuel d'anglais de classe de première *Fireworks* propose une étude de "*Harriet Tubman and the Underground Railroad*". Une épreuve en anglais amène les élèves à traiter de la question de "*The Cultural Appropriation Debate, Starring Beyoncé & Coldplay*" (2016).

Il est important pour les enseignants ou les étudiants futurs enseignants de définir les élèves « à partir d'une dynamique identitaire qui est elle-même le produit d'actualisations diversifiées des différentes composantes et facettes de l'identité globale » (A. Pretceille, 2017, p. 32). La conception des élèves à partir de caractéristiques figées et monolithiques n'est pas opérante. En formation continue d'enseignants, mais également et surtout en formation initiale qui outille les enseignants du 21e siècle, il est crucial que ces derniers deviennent capables d'opérer un retour réflexif sur leurs propres convictions, et d'interroger les pratiques sociales qui montrent que « la question du racisme ou de son héritage n'est pas réglée, même dans les sociétés qui se définissent comme non racistes » (Mazouz, 2020, p. 33).

Un des défis de la profession, que les étudiants MEEF ont à relever, est d'être en mesure d'entrer en contact et en dialogue avec le public hétérogène des classes (et des familles). À ce défi s'adjoint celui d'accepter que la rencontre puisse leur poser problème et amener des dissensus (notamment entre enseignants de la même école). De ces conflits pourrait naitre le désir de mettre sur la table les diverses opinions, de les confronter ou tout simplement de mieux se comprendre. La prise en compte de la diversité des élèves est une injonction clairement stipulée par le ministère de l'Éducation nationale (ministère de l'Éducation nationale [MEN], Bulletin officiel du 25-07-2013). Aussi, la formation devrait permettre à ces futurs enseignants, fonctionnaires stagiaires quand ils sont lauréats du concours, de développer des compétences interculturelles (CI) pour qu'ils soient en mesure d'assumer la gestion de la diversité culturelle des élèves, au cœur de turbulences idéologiques. Or comme le soulignent les travaux de Dhume (2021), peu de contenus de formation dans les maquettes tendent à faire une place réelle à ces questions, et à cette manière de concevoir le développement de CI.

Enseignante-chercheuse et formatrice en master MEEF, nous faisons partie des quelques personnes acculturées et sensibles à la question du développement des CI en contexte scolaire. Nous avons également le privilège d'enseigner dans des cours avec des intitulés formels explicites, mais peu d'heures sont consacrées à ces enseignements, et parfois ils sont optionnels. Ces quelques points d'appui nous autorisent à proposer cet ouvrage pensé à la fois à partir de la littérature et de pratiques pédagogiques en formation d'enseignants. Le livre fait suite à un article paru dans la revue canadienne *Revue Internationale de Pédagogie de l'Enseignement Supérieur/RIPES* [1] (2021), et à un entretien sollicité par le

[1] *RIPES 37*/1 (2021) : https://journals.openedition.org/ripes/3025

service communication de l'Université de Lorraine (2021), pour Factuel [2].

L'ouvrage se propose de répondre modestement à la question : À quoi et comment former les étudiants stagiaires, futurs enseignants, du primaire et du secondaire, pour qu'ils développent des compétences interculturelles (désormais CI), alors qu'ils produisent des discours souvent idéalisant sur la diversité culturelle, n'osant pas questionner leurs représentations, ou ne voulant pas s'en défaire (Dervin et al., 2020, section *what to do to take down the walls built by ghosts?* Paragr. 4) ? En répondant à cette question, l'ouvrage rend accessibles quelques principes que nous avons construits depuis une dizaine d'années sur les questions de l'interculturalité en éducation et formation, rendus visibles *via* de nombreux articles et deux ouvrages récemment publiés (Lemoine-Bresson et Trémion, 2022 ; Lemoine-Bresson, 2021). L'ouvrage veut également notifier que développer des compétences interculturelles ne peut pas se faire à partir de recettes, de prêts-à-penser comme le laissent parfois croire certains travaux.

L'ouvrage est à la fois le résultat de tâtonnements pédagogiques d'une formatrice en Institut National Supérieur de l'Éducation (INSPÉ) et de réflexions scientifiques d'une chercheuse en didactique des langues-cultures. Il présente, dans sa partie I, un dispositif pédagogique universitaire, mis en place en formation initiale d'étudiants enseignants stagiaires, dont une spécificité est de vouloir bousculer pour innover. Par cette expression, il faut comprendre un dispositif qui vise à installer des zones d'inconfort pour soi-même et pour les autres en situations d'interactions (Zembylas, 2010), avec

---

[2] Factuel, l'info de l'Université de Lorraine (24/11/2021) : https://factuel.univ-lorraine.fr/node/18545

l'objectif de développer des CI. Conçu, mis en place et évalué en 2018, le dispositif pédagogique concerne 74 étudiants de master 2 Métiers de l'Enseignement, de l'Education et de la Formation (MEEF) d'une université des Hauts-de-France, inscrits dans un cours « Gestions des relations et des interactions entre des cultures différentes ». Ce dispositif met la question des *microagressions* sociales, raciales et genrées (Sue, 2010) au centre de l'activité de développement des CI. Le phénomène des *microagressions* a été choisi, car il peut concerner voire toucher chacun d'entre nous, soit en tant que celui qui subit les effets du discours ou des attitudes d'autrui, et/ou celui qui les fait subir à autrui, encore appelé le perpétrateur. Il a également été choisi, car il permet de parler de race (au singulier) dans un usage critique, en tant que « rapport hiérarchique au même titre que la classe ou le genre. Parler de race signifie qu'on pointe la façon dont les membres de certains groupes sont infériorisé.es » (Mazouz, 2020, p. 31), et également les effets de mal-être, de détresse engendrés sur autrui.

À l'école, le phénomène des *microagressions* s'immisce dans les pratiques ordinaires, banales du quotidien. Elles ne prennent pas la forme de violences verbales ou physiques. C'est un phénomène sur lequel on revient rarement, c'est un phénomène dont on mesure assez peu (voire pas du tout) les effets sur l'autre qui les vit. Ces caractéristiques font que les *microagressions* peinent « à se faire voir et reconnaitre du point de vue des professionnel.le.s et des institutions » (Dhume et Cognet, 2020, p. 20). Par ailleurs, ce sujet ayant maintes fois été traité dans nos cours montre aussi que certains étudiants tentent de minimiser ce phénomène, trouvent parfois que c'est exagéré ou alors que la personne concernée souffre de (trop) grande sensibilité. Cela met au jour que ceux-ci ne font pas partie des personnes qui subissent « une assignation racialisante » selon l'expression de Mazouz (2020, p. 50), processus qui hiérarchise et dans lequel autrui est essentialisé à partir d'une origine réelle et souvent imaginée voire fantasmée. Ils n'ont pas d'expériences de racialisation. La lecture de l'ouvrage « Dans la peau d'un Noir » de Griffin (1976) pourrait peut-être amener ces étudiants à mieux comprendre ce que vit une « personne défavorablement racisée » (Diallo et Ly, 2021, p. 84).

L'ouvrage présente, dans sa partie III, les résultats d'une étude scientifique sur le dispositif pédagogique. Nous cherchons à savoir comment les étudiants du dispositif en question développent des CI dans une activité d'écriture des productions collectives négociées et individuelles, quand ils interprètent une *microagression* vécue, mise en photographie dans un projet mené à l'université new-yorkaise de Fordham (Kyun [3] , 2013). Le projet photographique est décrit dans la partie II de l'ouvrage. Les productions écrites des étudiants MEEF analysées montrent à quel point les *microagressions* sont liées aux contextes et aux situations, et aux ères géopolitiques. Les résultats sont par ailleurs intéressants, dans le sens où les catégories de *microagressions* construites par les étudiants MEEF vont au-delà de la catégorie imposée dans le projet étasunien de Kim Kyun, à savoir la race.

L'ouvrage inclut pleinement du matériel empirique pour, en accord avec Dervin et Jacobsson (2022, p. 56), prendre en considération des perspectives et des idées différentes. Les résultats sont en effet construits à partir des productions des étudiants du master MEEF qui entrent en interaction entre eux, autour d'un projet mené par d'autres

---

[3] Kim Kyun, autrice et propriétaire des photographies du projet universitaire qui sert de base à cette étude, nous a accordé le droit d'utiliser ses œuvres dans le cadre d'un projet scientifique.

étudiants. Les fonctionnaires stagiaires font apparaitre que de nouvelles catégories peuvent être constitutives des *microagressions*. Certaines sont présentées de façon articulée par les étudiants. Ce résultat évite de surchauffer l'objet race, selon les propos de Beaud lors de son intervention dans l'émission *À l'air libre* sur France Inter (04/02/2021). Les catégories qui émergent sont complémentaires à celles définies uniquement à partir des problématiques « raciales » aux USA dans les années 1970, puis élargies à d'autres populations dans les années 1980. En chapitre conclusif, l'ouvrage fait le point sur les freins en formation et propose des perspectives de formation au développement de compétences interculturelles, sans qu'elles ne soient exclusivement axées sur les questions de diversités raciales et culturelles. Ces projections optimistes font à la fois preuve d'implication et de tempérance.

PARTIE I

Un dispositif pédagogique innovant

Chapitre 1

Développer de compétences interculturelles en formation des enseignants

1. Une entreprise difficultueuse

En master MEEF, les étudiants stagiaires, lauréats du concours de professeur des écoles, se retrouvent confrontés à un double obstacle. Ils ont à charge une classe à mi-temps et profitent d'un temps de formation universitaire sur l'autre mi-temps. Le premier obstacle rencontré relève d'un niveau macroscopique de compréhension, car il résulte du lien qu'il est possible de faire entre les CI et les textes institutionnels de l'Éducation nationale (ceux-ci guidant le métier d'enseignant). Le référentiel de compétences des enseignants fait mention de la nécessité de « prendre en compte la diversité des élèves » (MEN, Bulletin officiel du 25-07-2013). Derrière le terme de diversité se cachent de nombreux attributs possibles, allant de la diversité cognitive, sociale à la diversité linguistique et culturelle. Si l'on s'en tient dans cet ouvrage à questionner la diversité culturelle, c'est parce qu'elle est une réalité forte dans les classes, mais aussi parce que les discours sur la diversité culturelle « dénotent la tension interne entre la communauté imaginée des citoyens et le peuple profond, la communauté ethnique, elle aussi imaginée » (Lorcerie, 2021, p. 14). Il faut également souligner, comme le rappelle Auger (2021, p. 236) que la question de la diversité culturelle (et linguistique) se rattache à l'accueil et l'inclusion des élèves désignés par l'institution comme allophones (MEN, circulaire n°2012-141 du 2-10-2012). La présence de ces élèves dans les classes questionne systématiquement la place de la différence et de sa catégorisation (Goï, 2015, p. 23), ainsi que les rapports de domination entre Nous *versus* Eux, qui devraient être débusqués. Les discours, parfois déterministes, mettent en avant les origines parfois supposées des élèves, avec des attributs associés qui contribuent plus à séparer qu'à rassembler. En même temps, « Respecter autrui » est affiché comme une priorité parmi les quatre fondamentaux de l'école (MEN, circulaire de rentrée 2019, note de service n°2019-087 du 28-05-2019). Ces injonctions institutionnelles peuvent poser des problèmes de mise en œuvre dans la prise en compte de la diversité culturelle et engendrer des pratiques d'école et de classes très hétérogènes (Lemoine-Bresson et Trémion, 2022). De nombreuses recherches citées par Lanas (2014) exposent le manque de transfert de ce qui a été appris en formation initiale vers les pratiques réelles de classes. Ce constat peut s'expliquer par les contenus des textes officiels qui font ou ont pu faire obstacle à la prise en compte de la diversité linguistique et culturelle des élèves, au nom des valeurs universalistes de l'école de la République (Akkari et Radhouane, 2022). Une explication peut également se trouver au niveau des personnels enseignants ou futurs enseignants eux-mêmes, dans la mesure où la question du développement des CI déclenche des émotions liées aux vécus dont l'objectivation n'est pas simple.

Le second obstacle relève d'un niveau nano de compréhension, au niveau des étudiants eux-mêmes. Il concerne les représentations que les étudiants stagiaires ont de la relation entre soi et l'autre. En début de master 2, lorsque nous les interrogeons sur leurs attitudes dans le rapport aux autres, et notamment aux élèves dits de cultures différentes, ils se déclarent de façon unanime comme des individus à faibles préjugés vis-à-vis d'autrui (Lemoine-Bresson et al., 2022). Ils sont, de fait et de par leur choix de devenir enseignants de la République, contre le racisme et souhaitent le combattre. Nombreux sont ceux qui s'auto-déclarent citoyens du monde dénués de stéréotypes, ne faisant pas de différences entre les enfants, formalisant sans le verbaliser les théories de la *colorblindness*. D'ailleurs peu de recherches traitent des questions du racisme scolaire en France, alors que l'on sait que la catégorisation ethnoraciale « se mêle à celle, sociale, pour nourrir des processus d'altérisation, de stigmatisation et de hiérarchisation » (Dhume et Cognet, 2020, p. 18). Dans les travaux que les étudiants produisent en cours ou les discours qu'ils tiennent dans des échanges moins formels moins contrôlés, ils mettent spontanément certains élèves dans la catégorie « ceux qui ont des origines » (et à l'inverse ceux qui n'en ont pas), ou encore un élève dans les catégories « Kosovar » « en difficulté », par exemple. Ils ne se doutent pas qu'il peut s'agir là d'un discours-anomalie par rapport à leurs déclarations, tant cette façon de désigner autrui relève d'une assignation, tant ils s'arrogent le droit de définir un élève par une « appartenance géographique ou une appartenance de groupe » (Bettini, 2017, chap. la construction métaphorique de l'autorité, paragr. 5).

Un autre frein vient des résultats de recherche connus sur les effets des cours qui touchent aux questions des diversités. Certaines recherches, déjà anciennes, soulignent des résultats mitigés et montrent que les cours provoquent peu de changements dans les croyances et les attitudes des étudiants (Causey et al., 2000 ; Cockrell et al., 1999). À l'inverse et à la même époque cependant, les études de Ball

(2000, p. 493) soulignent que les enseignants sont capables de s'engager dans des transformations de pratiques pour soutenir les élèves les plus vulnérables, fréquemment discriminés par leur appartenance ethnique et/ou sociale. D'une manière plus optimiste, on peut penser qu'un dispositif pédagogique, éclairé par des fondements théoriques actualisés et ouverts sur des visions plurielles, peut permettre des changements de pratiques.

C'est pourquoi dans le dispositif de formation que nous proposons, nous insistons sur l'intérêt et la nécessité de provoquer la réflexion chez les étudiants stagiaires, tout en convoquant des expériences vécues ou des réalités sociales. La finalité est que les étudiants stagiaires puissent se distancier de leurs discours et attitudes, et construire de nouveaux principes (qui seront à revisiter) qui sous-tendent les rapports aux élèves qu'ils auront à réguler. Dans le dispositif, nous partons du principe que les étudiants sont confrontés à d'autres étudiants eux-mêmes réflexifs. Ces opérations devraient participer de la construction de la professionnalité d'enseignant. Nous sommes cependant consciente que ces mouvements cognitifs doivent être nombreux pour permettre une prise de conscience des manières de faire, sans que ne soit garanti un effet immédiat sur les futures actions envers autrui. Le développement de CI relève donc d'un travail de longue haleine, d'un processus *never ending*. D'ailleurs, divers modèles ou approches de développement de CI existent, se référant à différents paradigmes de pensées et d'actions. La section suivante en propose un aperçu, avant de décrire les contenus de formation élaborés dans notre dispositif pédagogique.

2. Les CI : des modèles aux approches

À l'école, parler de diversité culturelle sous-entend fréquemment parler du migrant, de l'allophone nouvellement arrivé en France, ou de l'enfant issu de l'immigration, mais aussi comme le rappelle Auger (2021, p. 236), des « enfants roms ou gitans », ceux qu'il est parfois commode d'englober sous la dénomination « des élèves venus d'ailleurs » (Goï, 2015). Quand il s'agit d'interroger à la fois la prise en compte de la diversité culturelle et celle du respect d'autrui (injonctions institutionnelles), il est intéressant d'examiner les modèles et les approches de développement de CI existant. Selon les espaces géographiques, géopolitiques et les temporalités, ces modèles et approches sont pluriels, mais les modèles partagent de nombreux points communs.

2.1. Des modèles

On constate que la question des CI a longtemps été un objet privilégié de la didactique des langues, espace où le rapport à l'étranger est évident, parfois même exacerbé. On constate également que l'un des modèles de développement des CI le plus connu et cité est celui de Byram (1997). Il est chargé des idéologies développées dans le Cadre Européen Commun de Référence pour les Langues ou encore CECRL (voir les mots utilisés pour spécifier les composantes de la CI). Ce modèle est centré sur la prise de conscience par l'apprenant des aspects importants de la communication en situation interculturelle, comme les savoir-faire, savoir-être, savoir-agir. Nous notons le lien avec les questions d'employabilité et de flexibilité du monde économique (en lien avec les enquêtes PISA notamment, Hu et Byram, 2009). Byram a d'ailleurs coordonné en 2003 des études sur la compétence interculturelle (notons le singulier) pour le Conseil de l'Europe, à la division des politiques linguistiques. À cette époque-là, Byram (2003) reconnait que « la question de l'évaluation et la définition des niveaux de compétence interculturelle ont été laissées de côté » (p. 5) au moment de la publication du CECRL. Depuis 2018, le volume complémentaire du Cadre établit des descripteurs pour évaluer la compétence interculturelle, aux trois niveaux A, B, C [4] (p. 166). Le modèle de Byram a inspiré de nombreux autres chercheurs (Caspari et Schinschke, 2009) reprenant le domaine des savoirs culturels (que l'on peut regrouper sous le terme de civilisation, arts, littérature) et linguistiques, et celui de l'adaptabilité comportementale à l'autre culture, en lien avec une tâche dans un cadre scolaire.

Pour leur part, Spitzberg et Changnon (2009) montrent dans leur revue de littérature que de nombreuses conceptualisations de la notion de CI se centrent essentiellement sur l'individu et engendrent des modèles qui ne tiennent pas ou peu compte des interactions. Certaines recherches proposent des outils très visuels, comme le modèle de la pyramide de la compétence

---

[4] Aux niveaux A, l'utilisateur/apprenant est capable de reconnaître les causes potentielles de complications d'ordre culturel dans la communication et d'agir en conséquence dans des échanges simples quotidiens. Aux niveaux B, il peut généralement réagir aux indices culturels les plus communément utilisés, agir selon les conventions socio-pragmatiques, parler d'éléments de sa propre culture ou d'autres cultures et les expliquer. Au niveau B2, l'utilisateur/apprenant peut engager une discussion de façon efficace, faire face aux difficultés éventuelles, être en général capable de reconnaitre et de régler des malentendus, l'accent étant plutôt mis sur l'interprétation et l'explication au niveau B2+. Les niveaux C concernent une capacité à expliquer avec tact le contexte, à interpréter et débattre de certains aspects des croyances, des valeurs et des pratiques culturelles, gérer les ambiguïtés sociolinguistiques et pragmatiques et réagir de façon constructive et culturellement adéquate. (CECRL, 2018, p. 166).

interculturelle de Deardorff (2006). La base de la pyramide est constituée d'un socle d'attitudes attendues, comme le respect, l'ouverture, la curiosité et la découverte, avec une tolérance de l'ambiguïté et de l'incertitude. Des savoirs et des capacités forment le premier étage de la pyramide. On aboutit à un résultat interne souhaité, composé de traits distinctifs tels le changement de filtre, l'adaptation, la flexibilité et l'empathie. Le sommet de la pyramide représente le résultat externe souhaité, en termes de comportement et de communication envers autrui, en situation. Des recherches tendent parfois à déboucher sur des formations avec des activités prêtes à l'emploi (Deardorff, 2020 ; Berardo et Deardorff, 2012), en vue de construire des CI chez l'apprenant. On y développe des savoirs sur l'autre culture (ex. *Life in the United States* dans l'activité *Three Chairs* de Deardorff, 2012, p. 238), des savoir-faire et des savoir-être avec l'autre. Ces modèles sont séduisants, sécurisants et obtiennent l'adhésion voire la promotion d'organismes, comme l'UNESCO par exemple qui soutient la publication de manuels pour le développement des CI (Deardorff, 2020). Ces modèles, comme on le remarque, sont fortement soutenus par des structures supranationales (Conseil de l'Europe, UNESCO) qui ont pignon sur rue et imposent en quelque sorte leur vision des CI en éducation et en formation. Un autre modèle appartient également aux standards fortement diffusés. Dernièrement, alors que nous proposions un article dans une revue de langue anglaise sur le développement de CI (Lemoine-Bresson et Trémion, 2021), l'un des experts évaluateurs nous a fortement conseillé de citer la référence de l'ouvrage coordonné par Landis, Bennett et Bennett (2004). Ces auteurs fournissent des points d'observation pour diagnostiquer notre propre position face aux différences culturelles, dans divers contextes.

L'étude quantitative de Peng, Zhu et Wu (2019) confirme les places de leaders de ces auteurs dans la question du développement des CI. Le tableau 4 de leur article (Peng et al., 2019, p. 63) indique la référence à Byram en première place des auteurs cités dans ce champ, à Deardorff en deuxième place et à Milton Bennett en cinquième place. Quant à Spitzberg (cité supra avec Changnon), il occupe la neuvième place. Ces auteurs sont anglophones.

Holmes et O'Neill (2010) incluent dans leur modèle la question de l'autonomisation de l'apprenant au cœur du développement des CI. Les autrices interrogent la façon dont l'apprenant peut s'autoévaluer compétent d'un point de vue interculturel. Les chercheuses décrivent un modèle en quatre étapes, le *PEER Model* : *Prepare-Engage-Evaluate-Reflect* (Holmes et O'Neill, 2010, p. 173). Selon celles-ci, ce modèle aide les étudiants à décrire, à interroger et à comprendre le processus développé dans une situation de rencontre. L'intérêt du *PEER Model* est qu'il tient compte des processus de reconnaissance de la réticence, voire de la résistance à rencontrer autrui, et de la peur de l'autre. Le modèle considère également la mise en évidence et la remise en question des stéréotypes, le contrôle (ou non) des sentiments et des émotions, la gestion de la confusion et de la prise en charge de la complexité (Holmes et O'Neill, 2012). La question de l'évaluation des CI par les pairs est également proposée dans les programmes d'entrainement au développement des CI de Hiller (2010). Les étudiants qui participent sont partie prenante de la conception de son modèle, qui se veut praxéologique, et amendable en fonction des retours réflexifs des élèves.

Le problème, avec les modèles, est qu'il subsiste l'idée de règles et de procédés généraux, tenant peu compte de la complexité des contextes et des incertitudes dans les interactions entre les personnes en situations. Les modèles semblent garantir la réussite si on les applique scrupuleusement, si on suit les étapes comme dans un programme à reproduire ; ils sont alors qualifiés d'efficaces. Les modèles sont, selon le dictionnaire Merriam-Webster [5], "*a system of postulates, data, and inferences*", ou "*an example for imitation*".

2.2. Aux approches

Des chercheurs des deux dernières décennies inscrivent plus largement les CI dans des questions d'éducation et de formation (Bezzari et al., 2019 ; Dervin, 2016 ; Dervin et al., 2020 ; Dervin et Gross, 2016 ; Ogay, 2001). Ils mettent à distance la notion de modèles. Il ne suffit pas d'appliquer un modèle de développement de CI pour atteindre la réussite dans les relations à autrui, et à soi-même. Les interactions avec autrui impliquent du flou, des tensions intra et interpersonnelles. Il serait alors plus pertinent de parler d'approches de développement des CI, où sont mises en dialogue les expériences vécues et la réflexivité sur celles-ci. Les CI ne peuvent pas être automatisées, dans la mesure où les situations d'interaction présentent des variables inattendues et non réductibles à un modèle fini avec des descripteurs exhaustifs. Comme le définit le Trésor de la Langue Française Informatisé, une approche est une voie (souvent tâtonnante et où la méthode se cherche en même temps que l'objet) par laquelle on cherche à cerner un problème complexe, dans une situation toujours singulière qui demande de l'adaptabilité. En effet, qui peut

---

[5] Le choix porté sur l'utilisation du dictionnaire Merriam-Webster https://www.merriam-webster.com/ s'explique par le fait que la question de modèles de développement de CI est traitée majoritairement par des auteurs anglophones (*models*).

affirmer la capacité sans faille du sujet à embrasser l'altérité sous toutes ses formes et dans tout contexte ? Comme le dit Rey (2014), on échoue parfois à mobiliser « à bon escient différentes ressources pour répondre à une situation qui est à la fois inédite et complexe » (section différents types de compétences, paragr. 8). Les dimensions qui fondent les CI (savoirs, savoir-faire, savoir-être et les déclinaisons en vouloir, en pouvoir) ne sont pas saisissables directement ; les CI peuvent être déduites d'observations de comportements et de relevés de discours en interactions entre des personnes, dans des situations de rencontre singulières, imprévues composées d'aléas. Ces éléments portent atteinte à la fiabilité des modèles de développement de CI et chahutent le rêve de l'étudiant futur enseignant définitivement compétent interculturel.

3. Une gageure pour la formation

En master MEEF (et assurément dans d'autres parcours), accompagner les étudiants dans le développement de CI relève d'un paradigme pédagogique spécifique qui devrait les aider à s'éloigner des recettes illusoires et téléguidées par la doxa ambiante. Le dispositif pédagogique conçu et mis en œuvre vise alors à les aider dans un processus de changement de façon d'aborder le développement de CI.

D'un côté, ce paradigme pédagogique doit permettre aux étudiants de cheminer vers plus de clairvoyance : être éclairés, à rebours de « cette croyance en une *colorblindness* réalisée » (Mazouz, 2020, p. 81), sur l'existence de la question du racisme qui agit à pas de velours dans les espaces scolaires. Puis, ils doivent se construire des manières d'être, de (se) dire et d'agir : être outillés pour mobiliser des observables, articuler des inférences et des références et interpréter les situations d'interaction (Lemoine-Bresson et Trémion, 2022a) aux contours mouvants. Plus questionner le réel, c'est-à-dire comment ils envisagent le monde, que rechercher des vérités.

D'un autre côté, ce paradigme pédagogique doit préparer les étudiants à atteindre leurs buts en tant que professionnels de l'éducation, à savoir ceux de l'inclusion et de la réussite de tous. Ils ont à devenir compétents pour affronter les situations d'interaction, vécues ou à vivre, qui mobilisent ou mobiliseront fréquemment la place des imaginaires, si mouvantes et singulières soient-elles. La formation pourrait alors déterminer une posture de professionnel qui développe « une attitude expectante presque aussi prudente vis-à-vis du connu que de l'inconnu, toujours en garde contre les connaissances familières » (Bachelard, 1938/2011, p. 14). Cette posture renvoie à la manière d'être en relation avec les élèves, en rapport avec ceux-ci dans le cadre scolaire : quel regard portent-ils sur eux ? Quels rapports de domination installent-ils, même et surtout inconsciemment ? Quelle considération ont-ils pour eux et comment prennent-ils en compte la diversité culturelle ?

4. La perspective réflexive et (auto)critique

Les finalités du dispositif pédagogique présenté dans cet ouvrage sont à penser dans une articulation avec des problématiques de rapport de domination à dévoiler, de manipulation et d'assignation identitaire, mais aussi avec ce que certains termes galvaudés veulent dire, comme être ouvert aux cultures, respecter les cultures, les cultures sont une richesse. Ces expressions sont très fréquemment mentionnées dans les textes officiels des systèmes éducatifs, eux-mêmes emprisonnés dans un contexte géopolitique. On peut prendre pour exemple, les recommandations récentes du Comité des Ministres du

Conseil de l'Europe (2022) qui demandent aux établissements « d'encourager les apprentissages interculturels et de préparer les élèves à participer à une culture de la démocratie » (p. 3). L'idéologie européenne mène la danse, et selon les propos bousculant de Dervin (2022) explique au monde « comment on est sommés d'envisager les relations entre Soi et cet Autre » (p. 12).

Par CI, dans le cadre de cet ouvrage, il faut donc comprendre qu'il s'agit d'un processus réflexif et (auto)critique qui considère le réel de chacun (comment chacun voit le monde). La question des contextes et de la situation de production dans laquelle des interlocuteurs interagissent sont également des éléments cruciaux à prendre en compte dans le travail de réflexivité. Dans cet ouvrage, nous focalisons particulièrement sur les étudiants stagiaires en tant qu'individus qui interagissent, autour d'une tâche commune (un travail à mener en groupe) et une tâche individuelle (un travail à mener seul). L'autre pour les étudiants stagiaires peut être les élèves, qui se présentent avec leurs propres cadres de référence pouvant déconcerter les futurs enseignants. Les étudiants sont d'ailleurs assez prompts à poser un diagnostic sur une situation, oubliant de d'abord identifier le problème qui se pose dans ladite situation de rencontre entre soi et l'autre. Ce qui signifie qu'il est important de donner un espace dans le dispositif pédagogique pour mettre au jour les différentes perceptions des étudiants stagiaires sur une situation donnée. Les informations détaillées recueillies et analysées dans l'étude présentée dans cet ouvrage sont intéressantes pour montrer les points à travailler en cours dans une perspective d'amélioration, afin de développer des CI à la fois plus expertes et réalistes.

L'objectif du dispositif pédagogique présenté dans cet ouvrage est d'amener les étudiants à problématiser la situation, c'est-à-dire identifier le problème par la distanciation du discours commun, ainsi que de leurs convictions et de l'expérience vécue non réfléchie. La problématisation a été travaillée dans nos recherches pour le développement des CI (Lemoine-Bresson et Trémion, 2019, 2021, 2022). Un accompagnement à la description de la situation de rencontre observée, à la sélection d'éléments pertinents et à l'émission d'hypothèses sur le rapport de domination entre les personnes, afin d'interpréter ce qui se joue dans la rencontre est nécessaire. Si cette approche de développement des CI est un outil d'un point de vue didactique intéressant, nos recherches ont déjà montré qu'il s'agissait d'un travail qui demande du temps et de la persévérance. En effet, nous soulignons des freins dans la mise à distance des situations rencontrées, d'une part liés à l'attachement des étudiants stagiaires aux phénomènes d'ouverture évidente à autrui, et d'autre part liés à la difficulté d'objectivation des dimensions identitaires des étudiants, de leur vécu et de leurs émotions (Lemoine-Bresson et Trémion, 2022a, paragr. 42). Les CI demandent de savoir mettre des mots précis (donc d'avoir des connaissances) sur les phénomènes sociaux pour mieux les décrire, les analyser et les comprendre, et pouvoir agir ultérieurement. On remarque qu'un retour critique sur nos propres discours ou attitudes est rarement fait, rarement discuté en équipe d'école ; souvent par manque d'un outillage cognitif pour y parvenir ou par la présence de la voix des autres qui viennent interférer avec nos propres pensées, soit en accord, en désaccord voire en contradiction (Dervin, 2022, p. 14). Le retour critique sur soi est complexifié par la non-conscience des dogmes dominants, des idéologies sous-jacentes voire des normes (dont scolaires) qui influencent nos propos ou attitudes envers autrui.

Auger et Le Pichon-Vorstman (2021) ont relevé des propos d'enseignants qui illustrent ce dernier point. Un enseignant affirme : « Dans leur culture, il n'y a pas de livres » ou « Pourquoi les parents migrants ne s'intéressent parfois pas à l'éducation de leurs enfants ? » (p. 135-136). On trouve parfois des enseignants offusqués de telle ou telle pratique de parents ou d'élèves ou ne sachant que faire avec des élèves qui se moquent de telle ou telle pratique. De nombreux témoignages illustrent cette question, dont certains très médiatisés. Grace Ly (2021), écrivaine, réalisatrice anime le Podcast « Kiffe ta race [6] ». La diffusion de thématiques liées au racisme s'appuie sur l'existence de la race en tant que modalité sociale de production des inégalités entre les groupes, comme régime de pouvoir (Mazouz, 2020). Grace Ly (2021) explique :

> J'ai mis du temps à nommer le racisme que j'ai trouvé sur ma route. *Ching chang chong* est une insulte, eh oui, c'est raciste. Moquer les Chinois parce que la viande canine fait partie de leur héritage culinaire tout en trouvant anodin de cuisiner des lapins de ferme et des escargots, c'est une perception qui hiérarchise les habitudes culinaires, eh oui, c'est raciste. Dire *Ni hao* à quiconque présentant un faciès qu'on fantasme en provenance

---

[6] « Kiffe ta race » est un podcast diffusé depuis 2018 sur la plateforme BINGE Audio. Il est animé par Rokhaya Diallo et Grace Ly, dans un format talk. Il traite de thématiques liées au racisme : https://www.binge.audio/podcast/kiffetarace/
Kiffe ta race. Explorer les questions raciales sans tabous, le livre éponyme du podcast a été publié en 2021.

> de Chine, c'est mettre un continent dans une seule case, eh oui, c'est raciste (p. 12).

La conclusion est parfois rapidement tirée : ces façons de faire des autres cultures, déclarées bizarres, s'associent avec un manque d'habiletés cognitives des élèves et l'affichage d'une supériorité de personne civilisée et lettrée. Développer des CI relève d'un processus au long cours et de la convocation de nombreux domaines de connaissances, de la mise à l'épreuve de nombreuses expériences réfléchies, où sont explorés savoir-faire et savoir-être. Cependant, il s'agit d'un engagement de la formation des futurs enseignants qui « vaut le coup car il permet d'approcher le soi et l'altérité [...] et d'aller au-delà des figements » (Dervin, 2016, p. 121). Le format du dispositif pédagogique à concevoir est particulièrement crucial. Il doit être pertinent et efficient dans un temps d'enseignement restreint à des temporalités bien trop courtes, ou ne démarrant parfois qu'en master 2.

Chapitre 2

Spécificités du dispositif innovant

1. Les critères du caractère innovant

Le dispositif pédagogique présenté entre dans la catégorie des projets innovants. Il se veut bousculant, faisant sortir de la réserve les étudiants, tout en leur offrant un espace d'échanges sécurisant. Même si nous sommes consciente du degré de subjectivité de la notion d'innovation, le dispositif s'appuie sur quelques principes qui garantissent ses ambitions de bousculer. Tout d'abord, il appartient à la catégorie de projets pour lesquels les pédagogues sont peu réceptifs aux modes ou aux injonctions. Ces enseignants, ou formatrice dans notre cas, font partie de ceux qui « mènent des pratiques innovantes sans jamais les qualifier comme telles » (Cros, 1999, p. 135). Ils sont plutôt persuadés que leurs choix permettent aux étudiants de devenir progressivement les acteurs-clés de leur propre formation, profitant des expérimentations innovantes pour mieux apprendre.

Ensuite, le dispositif pédagogique est également contre-intuitif. Le bon sens dirait qu'un étudiant futur enseignant est forcément réflexif sur ses propres attitudes envers les élèves pour lesquels il souhaite évidemment le bien-être et la réussite. Le bon sens dirait aussi qu'un étudiant stagiaire est assurément non raciste. Celui-ci prône d'ailleurs son goût de « la sensibilité à l'hétérogénéité des cultures » (Guillaumin, 2002, p. 50). L'étude présentée dans cet ouvrage, reposant sur l'analyse du dispositif pédagogique, montre que ce n'est pas forcément le cas.

Mais encore, le dispositif est contre-narratif. On pourrait croire que compte tenu du degré empathique, éthique et bienveillant que demande la profession d'enseignant, l'étudiant stagiaire tient des propos de cet ordre envers autrui, ou si ce n'est pas le cas, il est capable de s'autoévaluer et s'autoréguler, eh bien non. L'étudiant déclare cependant qu'il est empathique, éthique et bienveillant, mais ne s'est que rarement inquiété de savoir ce qu'en pensent les élèves et leurs parents.

2. La fonction du support pédagogique choisi et de la ressource

Le support choisi est un ensemble de photographies composant un projet mené dans une Université aux États-Unis (Kyun, 2013). La ressource est la notion de *microagressions* inhérente au projet ; elle favorise la centration sur le métalinguistique. La caractéristique première du support et de la ressource est d'amener les étudiants à prendre conscience de leurs convictions, de leurs croyances et de la vision du monde qu'ils construisent, individuellement et collectivement. Ce premier mouvement devrait leur permettre de s'en ouvrir aux autres dans le travail effectué en groupe. Le support et la ressource doivent les pousser à sortir de leur zone de confort et d'une certaine paresse intellectuelle (qui se traduit parfois par « c'est mon opinion, et j'ai bien le droit. Point final »). Ce travail déstabilise les conditionnements des étudiants stagiaires et favorise la prise de conscience de l'écart entre des représentations initiales et les éléments d'analyse coconstruits (Narcy-Combes, 2009, p. 95).

La caractéristique seconde du support et de la ressource est de mettre la dimension du discours des étudiants au centre de l'analyse menée dans l'étude sur le dispositif pédagogique. Cette dimension donne accès au système symbolique qu'un individu utilise et, selon Martinez (2015) « révèle sa construction du monde, ses illusions et ses mythes. Le discours indique également les luttes de pouvoir au sein des individus » (p. 62). Dans la partie d'échanges et d'écriture collective, le développement de CI se fait par réaction aux propos des autres du groupe, par des réajustements dans ce qui est avancé. Pour Dervin (2022), « nous raccommodons inlassablement nos gestes, nos idées, nos pensées, nos idéologies, *ensemble* » (p. 77). Il faut cependant reconnaitre qu'il n'est pas simple pour les étudiants de noter cet écart et qu'il leur est souvent difficile de ne pas se référer à leurs propres règles et normes habituelles. Mais les étudiants ne sont pas les seuls à rencontrer cette difficulté, nous également en tant que formatrice impliquée dans les questions délicates d'interculturalité. Qui n'a pas besoin de développer sans relâche des CI à travers le travail du sens critique et de la réflexivité sur ses paroles et ses actes ?

3. L'innovation par le risque et la sécurité

En didactique, l'innovation peut prendre la forme de contenus d'enseignement revisités. Elle peut s'attacher au rôle des acteurs didactiques, c'est-à-dire l'étudiant et l'enseignant. Dans notre cas, le dispositif pédagogique promeut l'articulation des savoirs (convocation de notions théoriques discutées et coconstruites) aux expériences des étudiants, c'est-à-dire la confrontation plus ou moins longue de soi avec le monde. Le dispositif ose parler de race et engage les étudiants à en parler, sans prôner le consensus sur l'utilisation du terme. Il encourage la mise à distance des expériences d'assignation racialisante (certains assignent) ou des expériences de racialisation (certains sont assignés et souffrent), par la réflexivité, d'une part construite conjointement en groupe et d'autre part menée individuellement. Pour concevoir un tel dispositif pédagogique, le mettre en œuvre et l'évaluer (ici dans le cadre d'une étude scientifique), Lison et Justras (2014) soulignent à juste titre que cela est plus facile à dire qu'à faire, dans la mesure où les formateurs « doivent non seulement posséder des connaissances et des compétences disciplinaires [...], mais aussi développer et faire preuve de compétences didactiques et pédagogiques » (p. 3). Les espaces pédagogiques proposés sont à la fois déstabilisants (support choisi, questionnement à mener à partir des *microagressions*) et sécurisants (pas de jugement, s'autoriser à échanger avec les autres, choisir ou non de se montrer fragile) (Lemoine-Bresson et al., 2020). À ce titre, le travail par des écritures à visée réflexive est intéressant et productif. Il invite les étudiants à endosser une posture qui les amène à se distancier des prêts-à-penser et des recettes miracles qu'ils aimeraient avoir pour gérer la diversité culturelle des élèves en classe, en vue d'un vivre ensemble idéal. Ce principe de fonctionnement du dispositif pédagogique est à rapprocher d'une « miette » d'interculturel de Dervin (2022) qui, en tant que formateur, conseille aux étudiants « de s'interroger sur eux-mêmes et le monde différemment » (p. 69), ajoutant qu'il essaie d'apprendre avec eux.

Le dispositif pédagogique veut bousculer les discours bien-pensants des sujets, à travers l'analyse des photos issues du projet photographique de Kim Kyun. L'enjeu étant que ce travail ait un effet de distanciation dans leurs rapports aux élèves, et aux parents. Le dispositif nous bouscule également en tant que formatrice, qui s'engage, selon les propos de Moloney et Turunen (2020) "*to encourage the students to take risks, to dig into the hidden, and to recognize and model their own capacity in intercultural competences*" (chap. 9 Two teacher educators rethinking practice, paragr. 2).

Par innovation, au-delà des premiers éléments avancés *supra*, il faut comprendre la conception et la mise en œuvre d'un dispositif pédagogique qui s'appuie sur la notion de "*discomfort*". Cette dernière est définie par Zembylas (2010) en éducation, en tant que moyen qui sert "*as a medium for individual and social transformation*" (p. 706). Ce qui peut signifier que les étudiants, confrontés à un support et une ressource qui déstabilisent, ont alors à interroger, conjointement ou individuellement :

> *Their deeply held assumptions about themselves and others by positioning themselves as witnesses (as opposed to spectators) to social injustices and structurally limiting practices such that they see and act as ambiguous rather than as dualistic (e.g., 'us' and 'them') subjects* (Zembylas, 2010, p. 707).

Ce que Zembylas (2010 ; 2005) ira jusqu'à nommer "*an ethic of discomfort*" se veut relever le défi d'une transformation sociale qui comprend la question de l'inclusion de tous les élèves et celle de justice sociale. L'inconfort étant fortement ressenti dans les pratiques de classes quand il s'agit de tenir compte de la diversité linguistique et culturelle des élèves.

Ainsi, le dispositif pédagogique vise à bousculer les étudiants dans leurs représentations à partir de deux entrées.

La première entrée est le support et la ressource de travail proposés (projet photographique Kim Kyun, les *microagressions*). La seconde entrée est la forme de travail entre les étudiants (interactions en groupe). Un des étudiants du groupe de travail pouvant représenter « quelqu'un qui est en dehors de notre compréhension. L'autre qui demande des comptes à notre compréhension, situé en dehors de nos attentes et de nos anticipations, c'est-à-dire en dehors de notre monde » (Lanas, 2014, p. 176). Les étudiants stagiaires doivent être dérangés par quelque chose qui déstabilise leurs convictions, que ce soient le support et la ressource utilisés dans le dispositif pédagogique et/ou les modalités de travail. Une autre disposition à favoriser, selon Garmon (2004), est la prise de conscience de ses propres croyances et attitudes, ainsi que la volonté et/ou la capacité de réfléchir de manière critique sur celles-ci. L'objectif est que les étudiants stagiaires prennent conscience de certains phénomènes sociaux et augmentent leur vigilance dans leurs relations avec les élèves, ainsi qu'avec les parents de ceux-ci. Le dispositif pédagogique ainsi conçu et mis en œuvre, mais également évalué par le biais de l'étude présentée dans cet ouvrage, rend possible le développement par les étudiants eux-mêmes de CI afférentes aux vécus pluriformes de *microagressions*.

4. La présentation de soi et la place de l'interlocuteur absent

Les espaces pédagogiques du cours « Gestion des relations et des interactions entre des cultures différentes » comprennent une sensibilisation des étudiants enseignants stagiaires à l'analyse de la présentation de soi dans les discours des interlocuteurs. Ces derniers peuvent être présents ou représentés. La question des mises en scène de soi en situation d'interaction fait aussi partie des points abordés. Concrètement, cela passe par des échanges et des écritures collectives et individuelles qui doivent amener les étudiants à confronter leurs interprétations de la situation proposée, avec une issue de consensus ou de dissensus.

Méthodologiquement, les étudiants doivent observer la *microagression* mise en scène. Leurs observations portent sur des traces laissées par les pratiques sociales ou s'appuient sur les témoignages (Paugam, 2018), ici ceux des étudiants du projet photographique. La construction de l'image du soi à partir de la « façade personnelle » (Goffman, 1973, p. 30), c'est-à-dire, l'apparence dont le sexe, l'âge, l'habillement, la posture, les expressions du visage, et les manières sont des points d'appui éclairant pour que les étudiants enseignants stagiaires mènent les échanges. Cela leur donne des indications sur le rôle que l'acteur dénonçant une *microagression* entend jouer (Amossy, 2015, section la « présentation de soi » : Erving Goffman et l'ordre de l'interaction, paragr. 6). D'une part, ils peuvent porter leur attention sur ce qui est dit et comment cela est dit dans la production photographique choisie. D'autre part, ils peuvent s'intéresser à la façon dont les éléments extraverbaux donnent du sens à la situation.

PARTIE II

Les *microagressions* dans le projet photographique de Kim Kyun

Chapitre 3

Émergence d'un support pédagogique et d'une ressource

1. Un projet, une notion

Le projet photographique de Kim Kiyun (2013) expose des *microagressions* subies et montrées par des étudiants d'une université américaine. Ce projet sert de base de travail dans le dispositif pédagogique présenté dans cet ouvrage. Rappelons que la photo est (re)connue depuis des décennies comme un support intéressant pour développer l'expression créative des apprenants, jeunes ou moins jeunes travaillant en groupe (Yaiche, 2002). Les photos de la collection de Kim Kyun permettent aux étudiants MEEF d'opérer un choix dans la confrontation collective, et de (re)donner à la parole sa qualité de surgissement, pour l'affranchir d'un discours convenu (Baptiste et al., 1991). La photo choisie influence « la structure et le contenu des interactions » (Muller, 2009, p. 2), qui se déroulent directement entre les étudiants qui prennent le temps ensuite de consigner par écrit le fruit de leurs réflexions.

La question des *microagressions* s'est invitée dans nos contenus de formation de futurs enseignants à la suite d'un recueil informel de conversations ordinaires entre les étudiants, voire les enseignants en poste que nous rencontrons dans le cadre de nos missions à l'Institut National Supérieur du Professorat et de l'Éducation

(INSPÉ). Nous avons relevé une certaine propension à désigner certains élèves ou parents sous les termes « ceux qui ont des origines », « c'est dans leur culture » ou des témoignages d'étudiants se sentant altérisés par d'autres. Un jour, un étudiant nous confie : « Je m'appelle Sabi [7]. Je suis né et j'ai grandi à Remiremont (dans les Vosges). À l'école, on me demandait toujours 'tu viens d'où' ? attendant que je cite un pays d'Afrique » (étudiant master 2, Université de Lorraine). Mais aussi, certaines étudiantes nous racontent, non sans entrer dans un certain état de colère, qu'elles se font très régulièrement tripoter leurs cheveux, qualifiés de « bizarres ou rigolos » par d'autres étudiants dans les couloirs à l'université, ceux-ci voulant savoir par la même occasion d'où elles viennent.

Ces observations et témoignages spontanés et intimes nous ont amenée à faire entrer les *microagressions* dans nos cours. Les expériences subjectives partagées par ces étudiants ont motivé tout le groupe pour une prise de conscience éthique, et une volonté de changement dans le rapport aux élèves. Myriam, une étudiante en master 2 Ingénierie Pédagogique dans lequel nous enseignons à l'Université de Lorraine, écrit dans le travail de recherche qu'elle décide de mener sur les *microagressions* :

> Notre choix s'est porté sur la problématique des *microagressions*, car elle nous interpelle et nous intéresse particulièrement. D'une part, d'un point de vue personnel, nous avons constaté l'accroissement de la banalité de certains discours, de comportements ou d'actes que nous supposons racistes, notamment à travers les médias et les réseaux sociaux. D'autre part, à force d'expériences personnelles, nous avions noté une forme de

[7] Prénom anonymisé

> racisme plus subtile, voire presque gentille. Nous nous interrogions sur cette dernière qui ne semblait pas déranger, ni choquer l'opinion publique au même titre que le racisme classique. Ce n'est que lorsque nous avons eu l'occasion d'aborder la thématique des *microagressions* aux États-Unis en cours à l'INSPÉ que nous avons fait le rapprochement avec ce type de racisme que nous interrogions depuis longtemps (Bouabidi, 2018, p. 7).

La thématique étudiée dans le projet photographique de Kim Kyun en 2013 est reprise cinq années plus tard par Oluo (2018). Dans son ouvrage "*So you want to talk about race?*", Oluo dévoile "*the racial landscape in America*", en décrivant et en analysant ses propres expériences. On constate le peu de changements d'avec ce que montre Kim Kyun en 2013. Ce constat montre à quel point les préjugés raciaux sont omniprésents, et que même avec de bonnes intentions, on peut être raciste (mais aussi sexiste). Les croyances et les expériences non distanciées continuent de façonner les discours à l'école et en formation des enseignants, sans pour autant que les acteurs de l'éducation en soient pleinement conscients.

2. Une ressource : les *microagressions*

Dans les années 1970, les *microagressions* raciales sont légion aux États-Unis. Chester Middlebrook Pierce conceptualise la notion dans son versant "*racial-orientation microaggressions*". Ces dernières désignent les discriminations régulières à l'encontre des noirs américains ; elles reposent sur « des hiérarchies qui ont une dimension raciale » (Mazouz, 2020, p. 26). À la fin des années 1980, Gaertner et Dovido (1986) revisitent le concept de *microagressions* développé par Chester

Middlebrook Pierce, au-delà de l'orientation raciale, mettant au jour de nouvelles cibles subissant des *microagressions*. Les deux auteurs montrent comment, de "*racial-orientation microaggressions*", on a glissé vers les "*gender- and sexual-orientation microaggressions*", dans une dimension complémentaire ou dans une articulation entre ces différents éléments. Ils parlent alors de racisme aversif, c'est-à-dire que certaines catégories de personnes provoquent chez d'autres la répulsion, l'aversion. Ce qui signifie que la question des *microagressions* touche très largement des groupes marginalisés comme les "*racial minorities, women, gays and lesbians*" (Sue, 2010, p. 23).

L'intérêt d'étudier les *microagressions* avec les étudiants fonctionnaires stagiaires est qu'il s'agit d'insultes subtiles qui ont la particularité de se retrouver au quotidien dans les situations de rencontre à l'école. Dans les discours des étudiants futurs enseignants ou des enseignants, elles ont rarement une apparence douteuse de prime à bord, mais infusent silencieusement dans la société/à l'école, impactant la santé des personnes touchées. Pour Sue et Constantine (2007) qui travaillent avec des étudiants sur cette question, "*perpetrators often are unaware that a microaggressive communication has occured. They may, however, sense that something is happening but be unable to identity or articulate it*" (p. 137). D'apparence anodine, ce sont des phénomènes répétés qui peuvent se cacher au cœur de déclarations ou de gestes et de mimiques. Une caractéristique des *microagressions* verbales est de relever d'un discours spontané, qui peut pour certains des interlocuteurs être pensé comme un compliment, alors qu'il est ressenti négativement par le destinataire. Sue et Capodilupo (2008) proposent une typologie des *microagressions* sous les catégories qualitatives de : (a) *microassaults*, (b) *microinsults* et (c) *microinvalidations*.

La différence entre ces trois formes tient du degré de conscience et d'intentionnalité de la part du perpétrateur. En même temps, les trois formes de *microagressions* ont toutes un message caché dégradant (*hidden demeaning message*) rendu visible par le biais d'un effort de distanciation et par un travail réflexif constant. Une fois les messages cachés mis au jour, il est possible de déterminer les thèmes dans lesquels s'inscrivent les *microagressions*. Prenant référence dans le travail de Sue et Capodilupo (2008, p. 114-117), nous proposons quelques exemples concrets adaptés, qui montrent que les *microagressions* perpétrées peuvent associer plusieurs aspects : racial et genré, professionnel et genré, par exemple.

Microagression	**Message caché**	**Thème**
C'est quoi tes origines ? Tu parles bien français …	Tu n'es pas français	Étranger dans son propre pays
On serre son sac à main, on verrouille sa voiture quand on voit un Rom	Tu es un voleur, tu es une personne dangereuse	Assomption d'un statut de voleur ou de criminel
Une doctoresse prise pour une infirmière	Tu ne peux pas être autre chose qu'une infirmière, vu que tu es une femme	Citoyen de seconde classe

Le nécessaire travail sur/avec/à partir des *micro-agressions* se justifie par les effets engendrés sur la santé des personnes qui les subissent, et qui plus est, sur les élèves. Pour Sue (2010, p. 39), les *microagressions* peuvent engendrer une détresse psychologique. On pourrait nous rétorquer que le phénomène est essentiellement légion aux États-Unis. Des chercheurs investiguant les contextes en France (Dhume, 2016 ; Dhume et Cognet, 2020), des femmes et des hommes publics montrent que ce n'est pas le cas, et qu'en France également, le racisme quotidien banalisé est à la fois subi par certains et non vu par d'autres, voire rendu invisible ou décrédibilisé. Comme le rappelle Mazouz (2020), si la validité naturelle ou biologique de la race est nulle, son effectivité sociale existe, et à l'école également.

Des collectifs se sont organisés pour rendre visible le phénomène des *microagressions*. Sur une idée d'Aïssa Maïga (2018), Marie-Philomène Nga, Assa Sylla, France Zobda, Maïmouna Gueye, Firmine Richard et Karidja Touré ont livré des témoignages frappants et interrogeants sur la question des *microagressions* en France. En témoignent également les Podcasts à succès de Rokhaya Diallo et Grace Ly, qui offrent des espaces de parole à des écrivains, des chercheurs, des journalistes pour creuser le sujet et sortir le phénomène de son état de tabou ou d'invisibilité. En formation des lycéens, et lors du festival international Séries Mania à Lille en septembre 2021, mais aussi dans ses ouvrages, l'écrivaine Tania de Montaigne aborde avec force les problèmes causés par l'ignorance de cette question. Enfin, le témoignage de Mariame Tighanimine (2017) peut-il nous convaincre (même un peu) que la question des *microagressions* à l'école ne relève ni d'une lubie ni d'un fantasme :

> Ce qui devait être un sanctuaire propice à l'épanouissement et à tout ce que mon milieu d'origine ne pouvait m'offrir [l'école] s'est révélé être un lieu de frustrations et de violences que j'ai mis beaucoup de temps à digérer. L'école a été le premier endroit où j'ai vécu la discrimination et la différenciation (Tighanimine, 2017, ch. 1, paragr. 1).

Chapitre 4

Le projet photographique de Kim Kyun

1. La race, parlons-en !

Le projet photographique *Racial Microaggressions* est conçu et mis en œuvre par Kim Kyun en 2013, dans le cadre d'une évaluation universitaire qui demandait aux étudiants "*to create something honest*". Il est disponible sur le site https://nortonism.tumblr.com/. À l'époque, Kim Kyun est photographe et étudiante en arts visuels et scéniques à la Fordham University à New York. Son projet, d'abord diffusé sur Tumblr se voit ensuite repris par des journaux américains et les réseaux sociaux[8]. Le Huffington Post (17/12/2013) prévient ses lecteurs : « Les photographies de Kim Kyun pourraient bien vous faire réfléchir à deux fois avant de parler ». Dans une interview donnée au journal GLAAD (13/04/2015), Kim Kyun explique ce qui a motivé ce choix de projet :

> *Often when we speak out about it, people tell us, 'oh they're just ignorant' or 'they are curious.' Our voices are silenced. I wanted other people of color to empathize and connect to the issue, and maybe*

---

8 Buzzfeed. The Huffington Post, The Telegraph, GLAAD, Conversations Magazine, Jezebel, Aplus, Flavorwire, The DailyMail. Le projet a également été diffusé dans : The New York Times et des articles du New York Magazine, et publié dans Grazia Magazine (UK et Corée du sud).

> *use it as a way to tell others hey, this happens to me, and it hurts me. I wanted people to reflect on themselves as well, because I know I've personally committed some microaggressions to other people of color*[9].

À travers son projet photographique, Kim Kyun donne l'occasion aux étudiants de son université d'effectuer une présentation de soi, appropriée au but de l'interaction dans laquelle ils s'engagent (Amossy, 2015, section la « présentation de soi » : Erving Goffman, paragr. 1), c'est-à-dire dénoncer des *microagressions* vécues. Kim Kyun offre un espace aux étudiants pour qu'ils puissent se dire tels qu'ils veulent bien se dire, tels qu'ils se sentent perçus par les autres. Ce que les sciences sociales désignent actuellement sous l'expression « Donner la parole aux 'sans-voix' » (Ferron et al., 2022). En dénonçant une *microagression* vécue, les étudiants du projet de Kyun parlent de race, c'est-à-dire pointent « la façon dont certains membres de certains groupes sont infériorisé.es » (Mazouz, 2020, p. 30). Concrètement, ils inscrivent une *micro-agression* sur une pancarte, prennent une pose, puis Kim Kyun les photographie en plan taille. À la lecture des *microagressions* dénoncées, il est possible de comprendre dans quels contextes les *microagressions* ont été perpétrées et quelles sont les conditions de leur production, tant elles entrent facilement en résonnance avec notre propre vécu.

---

[9] Traduction DeepL : Souvent, lorsque nous en parlons, les gens nous disent 'oh ils sont juste ignorants' ou 'ils sont curieux'. Nos voix sont réduites au silence. Je voulais que d'autres personnes de couleur fassent preuve d'empathie et se connectent à ce problème, et peut-être l'utilisent comme un moyen de dire aux autres "hey, ça m'arrive à moi, et ça me fait mal". Je voulais que les gens réfléchissent aussi à eux-mêmes, car je sais que j'ai personnellement commis des *microagressions* envers d'autres personnes de couleur.

Le reproche qui peut être fait au projet de Kim Kyun est celui d'orienter le regard uniquement vers une dimension racisante du phénomène des *microagressions*. En effet, seuls les jeux d'opposition *Whites versus Afro Americans/Asian Americans* et *Latino-Hispano Americans* sont mis au-devant de la scène. Il est nécessaire de replacer le projet dans son contexte de production, où des pratiques et des attitudes ont pour effet « d'actualiser l'idée de race en produisant des individus et des groupes racisés » (Poiret, 2011, p. 113).

À l'issue de la mise en place du dispositif pédagogique et de la conduite de l'étude sur le dispositif, nous observons que le projet photographique de Kim Kyun peut trois choses pour le développement de CI des étudiants fonctionnaires stagiaires de master MEEF. Tout d'abord, on peut penser qu'il amène les étudiants à reconnaitre la réalité et la pluralité des expériences vécues de certaines personnes. Ensuite, le projet incite chacun à « se transposer dans l'expérience minoritaire à laquelle il ou elle échappe » (Mazouz, 2020, p. 82). Enfin, il ouvre des portes sur l'articulation entre assignation raciale et d'autres assignations (de classe, de genre sans exhaustivité).

2. Des photographies inspirantes

Le projet photographique de Kim Kyun propose 20 photos. L'intérêt, pour le travail avec des étudiants français, est que les inscriptions qui dénoncent les *microagressions* sont en anglais. La compréhension n'est pas immédiate pour eux. Les phrases inscrites, le vocabulaire et les expressions utilisées ne leur sont pas directement familiers. La plupart du temps, ils doivent échanger entre eux, solliciter un angliciste tellement ils peinent à comprendre la *microagression* dénoncée. Cette incompréhension les pousse à avancer leurs idées, à les confronter à celles des autres, à dire ce qui leur vient à l'esprit à la lecture d'un mot. Les étudiants vont parfois jusqu'à utiliser un traducteur (Deep-L en général) pour faire face à cette incompréhension. Ainsi, à l'instar des propos de Dervin et Jacobsson (2022), « la confrontation avec d'autres langues augmente la richesse de l'incompréhensible et peut donc aussi élargir notre vision du monde, surtout si nous pouvons dialoguer autour de ces mots, échanger des arguments, être d'accord ou non, viser le consensus ou non » (p. 83). Par exemple, la simple expression "*Where are you from?*" que l'on trouve dans les *microagressions*, les interroge. Ils cherchent la meilleure traduction en français, et ne sont pas toujours d'accord sur le pouvoir déstabilisant de cette expression, les uns la trouvant très violente, les autres la pensant relever d'une curiosité sympathique de la part de l'interlocuteur. La personne à qui cette question est posée suscite chez ces derniers la « fascination du différent », la « fascination de 'l'ailleurs' » ; cet autre « offre l'occasion de l'exotisme présent » (Guillaumin, 2002, p. 50-52).

Une photo du projet de Kim Kyun met en scène Michele qui lève les yeux au ciel. Sur sa pancarte on peut lire : "*No, where are you REALLY FROM?* ". En quoi peut-il être intéressant et formateur pour les étudiants enseignants stagiaires de discuter à partir du discours de Michele ? La *microagression* dénoncée cible la question des origines de Michele. *No* en début de phrase, puis *REALLY* en majuscule, mais aussi *FROM* souligné sont des indices linguistiques qui contribuent à s'imaginer l'interlocuteur de Michele ; ces traces dans le discours laissent supposer qu'une question vient d'être juste posée à Michele, mais que sa réponse ne satisfait pas le questionneur, qui est souvent un inconnu dans ce genre d'échange. La prise en compte de l'indice extraverbal des yeux levés au ciel est également très intéressante pour mener l'interprétation

(Lemoine-Bresson et Trémion, 2021) : la question des origines est fréquemment posée à certaines personnes. Par son expression, Michele signale sa lassitude à en être la destinataire. L'insistance et la fréquence provoquent alors des émotions fortes qui parfois inspirent de la colère. La question n'est pas anodine et les étudiants se sentent bousculés dans leur bienséance à penser quand on leur dit que cela « ne veut rien dire d'autre que de quelle race es-tu ? » (Dumitru, 2015, s.p.). Cette question n'est pas typique des pratiques sociales aux États-Unis, et parfois elle fait l'objet de documentaires [10] ou encore elle peut prendre des formes dédramatisées. Le comédien australien d'origine asiatique Michael Hing aborde ces sujets sérieux sur un mode détendu. Il dénonce tout de même son étonnement d'être constamment interrogé sur ses origines alors que sa famille a émigré de Chine depuis plus de 100 ans !

On pourrait penser qu'il s'agit là d'une exagération ou de faits anecdotiques, et que cela se passe uniquement ailleurs, car la France et de nombreux pays européens se définissent comme non racistes (Mazouz, 2020, p. 81). Pourtant, toute personne intéressée par les questions de société et de justice sociale a certainement déjà écouté et/ou lu ce que disent certains acteurs médiatisés en France. Prenons pour exemple la romancière Tania de Montaigne qui en 2018 s'est employée à déconstruire le racisme banal et ses ressorts. Elle révèle d'ailleurs la concernant, que c'est à l'école que les présupposés se sont multipliés. Elle se dit fatiguée de la question des origines et surtout de ce que cet acte de langage présuppose. Sur le même sujet, l'acteur Jamel Debbouze s'en prend à la journaliste dans l'émission

[10] Voir sur SBS **ON**DEMAND, documentaire en trois saisons : https://www.sbs.com.au/ondemand/program/where-are-you-really-from

Entrée Libre de France 5 en 2017. Celle-ci lui pose la question des origines qui, selon Dumitru (2015), « exprime une forme de racisme » (paragr. 24). L'acteur manifeste ouvertement son agacement et dénonce cette assignation. Selon lui, cette question ne fait aucun sens avec la réalité plurielle du monde actuel, et a des effets délétères sur autrui. Ces témoignages montrent que la question des origines (*Where are you from?* en anglais et c'est quoi tes origines ? en français) place la personne dans la position de l'étranger perpétuel dans son propre pays.

La question des origines est une problématique cruciale au cœur du métier enseignant. Elle se trouve renforcée par les situations actuelles, socialement vives, de l'accueil des enfants migrants – venant de certains pays en particulier – qui arrivent dans les écoles. Quand on écoute les discours dans les écoles, on remarque que l'accueil et les regards diffèrent nettement selon le pays de provenance des enfants. Cette impression est d'ailleurs largement relayée actuellement par le traitement réservé aux réfugiés venant d'Ukraine. Ils seraient selon l'expression de Machado (2005) des étrangers moins étrangers que d'autres.

Les étudiants enseignants stagiaires constituent un public intéressant, et intéressé pour analyser ce type de *microagression.* Tout d'abord, étant déjà en poste à mi-temps, ils sont en contact avec les diversités linguistiques et culturelles présentes dans leur classe. Ensuite, ils partagent au sein de la communauté enseignante des représentations, des normes et des valeurs sur l'accueil des élèves, et la prise en compte des diversités culturelles. Tous en effet s'accordent à s'auto-déclarer bienveillants et ouverts envers les diversités culturelles. Ces affirmations spontanées sont peu soumises à questionnement ; leurs façons de faire dans les interactions avec autrui, et ce qu'ils véhiculent dans leurs discours sont à la fois rarement anodins et rarement conscientisés. Mais réfléchir à cette question et à ses effets remet en cause la vision idéalisée du vivre ensemble institutionnalisé dans les documents officiels, promouvant une mobilisation autour de l'entente et faisant l'impasse sur les conflits. Ainsi, selon Maulini (2019), le « vivre ensemble nos diversités exprime un *modus vivendi* qui peut pousser l'art de s'accorder à son sommet, jusque dans une civilité des conduites dispensant de se disputer, ne serait-ce que par la parole et des marques symboliques de clivage » (p. 2). Pourtant être un enseignant (ou un étudiant enseignant stagiaire) compétent interculturellement requiert la capacité à gérer les échanges difficiles entre les groupes.

Le dispositif pédagogique proposé pose comme fondamentale la mise à distance de ce que gérer la diversité peut vouloir dire. La finalité est que les étudiants deviennent conscients des logiques qui sont à l'œuvre et des effets de la question des origines, tant elle apparait en situation banale et parfois sous des airs de sympathie. Les étudiants utilisent fréquemment l'argument du « désir à la fois de curiosité et d'information » (Lüsebrinck, 1996, p. 54) autour de cette question. De son côté, Dumitru (2015) explique que cette question relève d'une « anomalie au regard des pratiques habituelles de la conversation » (s.p.). Celui qui ressent de la gêne est le destinataire de la question, le perpétrateur ressentant rarement de l'embarras. Le contraste entre la banalité de la question, liée à ladite bonne intention du questionneur, et les effets sur le questionné est un point de vigilance qui mérite d'être travaillé dans le cadre du développement des CI de futurs enseignants. Lemoine-Bresson et Trémion (2022) sonnent l'alerte. Pour les autrices, le travail est urgent, la question des origines servant souvent d'euphémisation de la race. La question marque des frontières et des hiérarchies entre les élèves. On catégorise celui à qui on pose la question, on l'assigne, on le marginalise en lui faisant croire qu'il n'est pas du groupe majoritaire.

Josh est également un étudiant du projet de Kim Kyun. Sur la photo, Josh présente une expression de visage fermée. Il grimace. Il semble manifester un certain mécontentement. Josh se « met en scène dans sa façon de s'habiller et de se comporter, dans ses gestes et ses mimiques » (Amossy, 2015, chap. 4 images de soi, images de l'autre, paragr.1). Sur sa pancarte, il dénonce : "*The limited representation of my race in your classroom does not make me the voice of all Black people*". Comme pour le cas de Michele, on peut se demander quel est l'intérêt pour les étudiants enseignants stagiaires d'interroger le discours et l'attitude de Josh. Sa mimique faite de façon délibérée pour la mise en scène, en association avec la *microagression* dénoncée, et les termes choisis pour la dénoncer sont des informations d'appui pour interpréter cette *microagression.* Josh montre d'abord que dans sa classe, il est minoritaire (question du rapport de domination, pas de l'effectif). Il s'adresse aux majoritaires pour leur faire prendre conscience d'un travers. Il s'agit de celui qui consiste à vouloir faire d'une seule personne l'ambassadrice de tout un groupe, uniquement parce qu'elle partage un élément commun visible avec ce groupe, ici, la couleur de peau. Josh veut faire comprendre qu'il n'assume pas le rôle de prendre la parole au nom de tout un groupe (sous prétexte qu'il partage avec ce groupe sa couleur de peau). Il n'est pas le porte-parole de tout un groupe minoritaire sous l'imposition des autres majoritaires. Josh à l'inverse de ce qu'il aurait pu faire, décide non pas de se réclamer d'un groupe d'appartenance, mais plutôt de s'en distinguer. En France, pour citer à nouveau Jamel

Debbouze, cette façon de faire est également existante. L'acteur souvent considéré comme le porte-parole de la communauté maghrébine n'hésite pas à dire qu'il vit mal cette assignation au statut de porte-parole. On voit que la question est centrale dans l'espace public, dans les communautés étudiantes et dans la littérature. Il est alors essentiel qu'en formation, les étudiants interrogent les étiquettes collées à autrui (statut, rôle, place) en déchiffrant les modalités d'énonciation pas toujours contrôlées qui peuvent avoir des effets sur l'autre.

Kim Kyun indique que son projet photographique a pour objectif d'interpeler la population américaine sur la problématique des *microagressions*. Le phénomène touche des personnes désignées aux États-Unis sous les catégories "*African Americans*", "*Asian Americans*" et "*Latino/Hispanic Americans*". Cela peut s'expliquer par le fait que ces catégories de personnes sont les plus susceptibles [11] de subir des *microagressions* (Sue, 2010, p. 146-153). Des recherches (Gaertner et Dovido, 1986 ; Oluo, 2018 ; Sue, 2010) s'accordent à dire que les *microagressions* s'invitent dans tous les espaces sociaux et médiatiques. À l'école, les préjugés raciaux sont omniprésents, alors même que l'on se défend d'être racistes, comme le font avec honnêteté et certitude les étudiants quand nous leur posons la question au début du cours. C'est pourquoi, il est nécessaire de débusquer et d'analyser les messages cachés dans les *microagressions* (Sue, 2010, p. 9). L'objectif est de mettre au jour les stéréotypes et les visions du monde en termes d'inclusion ou d'exclusion, mais aussi de supériorité et d'infériorité dans les rapports sociaux. Les résultats de Sue, chercheur en psychologie, insistent également sur les effets sur la

---

[11] Dans son livre, Sue ajoute les *Native Americans* qui ne sont pas représentés dans la série de photos du projet Kim Kyun

santé mentale de la personne victime de *microagressions*, fréquentes, invisibles, souvent involontaires et laissées dans l'ombre. Seules une observation de situations et une analyse des éléments verbaux et extraverbaux amènent à prendre conscience de ce qui se joue dans l'interaction entre perpétrateur et assigné, en termes de rapport de domination.

PARTIE III

L'étude du dispositif pédagogique

Chapitre 5

Démarche méthodologique de l'étude

1. Des étudiants en master MEEF

L'étude présentée analyse le dispositif pédagogique décrit précédemment. Elle est basée sur les écrits de 74 étudiants enseignants stagiaires inscrits en master 2 MEEF d'une université des Hauts-de-France en 2018 (Académie de Lille). Il s'agit de deux cohortes mixtes et hétérogènes. Les étudiants enseignent soit à mi-temps dans le primaire soit dans le secondaire dans le département du Nord. Nous connaissons particulièrement bien les problématiques de l'Académie de Lille, pour y avoir été enseignante et conseillère pédagogique à Roubaix-Tourcoing et à Lille pendant 27 années (1988-2015).

Dans le cours qu'ils suivent quand ils sont en formation « Gestion des relations et des interactions entre des cultures différentes », la notion de *microagressions* est abordée par un travail d'analyse de la vidéo *Microaggressions in everyday life* de Derald Sue (2010) et par la présentation du projet photographique de Kim Kyun décrit *supra*. Le travail d'analyse se fait selon une modélisation que nous (Lemoine-Bresson et Trémion, 2022 ; 2021) avons conçue et mise en place à partir de recherches empiriques depuis 2019. Ces deux étapes sont suivies de productions écrites, l'une collective l'autre individuelle.

Cette partie de l'ouvrage expose comment les étudiants analysent la présentation de soi, qui peut être une construction d'image volontaire ou involontaire, à partir de l'expression de *microagressions* des participants au projet photographique mené par Kim Kyun. Cette partie montre comment les étudiants débusquent (ou pas) les assignations racialisantes, et ce qu'ils en disent.

2. Un corpus double

Il s'agit d'un double corpus. Les 74 étudiants ont constitué des groupes d'affinités, au nombre de 22. D'une part, le corpus est constitué des 22 productions collectives écrites. Pour l'étude, elles sont anonymisées et codées de GR1 à GR22 : 18 groupes sont constitués de 4 personnes et un groupe comporte 2 personnes. D'autre part, le corpus rassemble 74 productions individuelles, codées avec les initiales de l'étudiant fonctionnaire stagiaire. Nous avons donné la consigne de travail suivante, divisée en deux sous-parties distinctes de par le mode de production, d'abord collectif puis individuel :

(a) Connectez-vous sur le site du projet de Kim Kyun. Choisissez ensemble une photo parmi les 20 photos proposées. Justifiez votre choix et analysez le document, c'est-à-dire interrogez ce qui est dit et comment cela est dit. Utilisez également des indices non verbaux visibles sur la photo.

Dans cette partie, les étudiants travaillent en groupes et produisent un texte collectif dont le contenu fait suite à une confrontation orale, par des échanges entre eux.

(b) Inspirez-vous des photos du projet de Kim Kyun pour produire un texte bref qui vous touche directement, afin de dénoncer une *microagression* subie ou perpétrée, ou observée (photo de vous non obligatoire).

Le contenu de la dénonciation peut faire référence à une autre *microagression* que la *racial microaggression*, du moment qu'une réflexion autour de la pratique sociale peut être engagée. Volontairement, cet élément n'est pas explicitement formulé aux étudiants enseignants stagiaires. La partie (b) de la consigne se veut bousculante dans le sens où elle impose des contraintes avec lesquelles les étudiants vont devoir travailler (à des degrés variés) pour concevoir leur propre mise en mots/en photo (ou pas) d'une *microagression* vécue, au-delà des *racial microaggressions* imposées dans le projet de Kim Kyun.

Le projet photographique de Kim Kyun mis en ligne offre 20 photos, qui se répartissent en 15 photos de jeunes femmes et 5 photos de jeunes hommes. Le tableau 1 ci-après présente les photographies dans leur ordre d'apparition sur le site Internet du projet de Kim Kyun. Il indique les groupes lillois qui ont choisi la photographie référencée, le prénom de l'étudiant de l'université américaine et le texte de la *microagression* dénoncée.

Tableau 1. Description des *microagressions* du site et choix des groupes

Groupes étudiants de Lille	Prénom de l'étudiant de l'université américaine	Texte de la *microagression*
-	Amber	"Why do you sound White?"
-	Darby	"You don't act like a normal black person, you know?"
GR21, GR22	Amanda	"Can you read this?' He showed me a Japanese character on his phone."
-	Jaime	"When I gave a speech about racism, the emcee introduced me as 'Jaime Garcia.' My name is Jaime Rodriguez; not all Latinos have the last name Garcia."

-	Cesca	"What ARE you?' HUMAN. Being biracial doesn't make me a 'what."
GR19, GR20	Sandra	"So... you're Chinese... right?"
GR18	Sri	"You don't speak Spanish?"
GR16, GR17	Kristina	"This girl sitting next to me moves, to sit closer to someone she's talking to, and this white guy whispers loudly that she moved because I… "SMELL LIKE RICE"
GR15	Aj	"You're not *really* Asian"
GR14	Maja	"Just because I'm Mexican that doesn't mean I should be the automatic 1st choice for the role of Dora the Explorer in the high school skit."
GR12, GR13	Michele	"No, where are you REALLY *FROM*?"
-	Aja	"So what does your HAIR look like today?' She said as she pulled off my hat *without my permission"*
-	Garrett	"So, like, what are you?"
-	Jackie	"Not your fucking China Doll."
GR9, GR10, GR11	HP	"Can you see as much as white people? You know, because of your *EYES...?"*
-	Mika	"So what do you guys speak in Japan? Asian???"
GR8	Courtney	"Courtney I never see you as a black girl' #swerve #OPENYOUREYES!"
GR4, GR5, GR6, GR7	Winter	"You're really pretty... FOR A DARK SKIN GIRL"
GR1, GR2, GR3	Josh	"The limited representation of my race in your classroom does not make me the voice of all black people"
-	Nisarah	"When people think it's weird that I listen to Carrie Underwood"

Seulement environ la moitié des photos est choisie par les 22 groupes d'étudiants. La photo de l'étudiante Winter

("*You're really pretty... for a dark skin girl*") est choisie par 4 groupes sur 22, ce qui représente la plus grande proportion. Neuf photos n'ont pas retenu l'attention des groupes des étudiants MEEF.

3. La méthode d'analyse

L'étude s'inscrit dans une démarche méthodologique du champ de l'interculturalité. Nous avons choisi de structurer cette démarche autour d'un intérêt tridimensionnel (Saukko, 2003, p. 33). Cela signifie que la démarche met en relation les expériences vécues, les discours ou les textes et le contexte social. La méthodologie d'analyse tient compte des aspects non rationnels de l'expérience vécue des étudiants fonctionnaires stagiaires (émotions, affect, ressentis). Les étudiants ont à traduire ces aspects dans une écriture d'abord collective puis individuelle intime et à les soumettre à la réflexivité (Saukko, 2003, p. 58), dans le cadre du développement de CI.

Pour cette étude, nous avons opté pour une analyse des écrits des étudiants MEEF qui tient compte de l'aspect tridimensionnel. L'analyse se décline en deux plans :

a) Premier plan

Concernant l'analyse de la justification du choix de la photo par le groupe : l'analyse démarre par une lecture flottante. Cette manière de faire permet l'émergence de thématiques à mettre en lien avec :

- la notion même de *microagressions* et ses éléments définitoires ;
- le statut du public étudiant concerné ;
- la question de se « sentir bousculé » dans la tâche demandée.

Concernant la production individuelle, il s'agit d'un relevé du type de *microagressions* dénoncées par les étudiants fonctionnaires stagiaires, et de leur organisation pour les présenter de manière structurée.

b) Second plan

Nous nous appuyons sur la pratique sociale d'écriture mise en œuvre par les étudiants pour explorer ce que la photographie leur permet d'interroger ou de dénoncer, en lien avec leurs expériences, leur métier ou des projections pour leur pratique de classe. L'écriture fait suite aux échanges qui ont pu avoir lieu à partir des photographies, conçues comme des images pour le développement des CI. Elles sont ce que Muller (2014) appelle des « motifs de communication » (p. 124), interpelant les étudiants sur la considération d'autrui, suscitant diverses interprétations des assignations racialisantes et un retour sur soi. Nous examinons également comment les étudiants définissent les *microagressions* et les recontextualisent. Par ailleurs, nous reconstruisons leur capacité à prendre en compte les dimensions dialogiques de la situation présentée sur la photographie. Nous observons le rôle donné (ou pas) à l'interlocuteur absent de la situation et à son discours potentiel, à partir duquel les étudiants fonctionnaires stagiaires peuvent émettre des hypothèses. Ce point est important dans la mesure où le discours isolé de l'étudiant étasunien (mis en mots sur la pancarte) est parfois une réponse à un autre discours (qu'on ne voit pas sur la pancarte). Autrement dit, le discours de l'étudiant du projet de Kim Kyun fait implicitement ou explicitement référence à d'autres « voix » (Grossen et Salazar-Orvig, 2011). Pour certaines des photos, nous avons le discours rapporté d'un auteur absent : "*So... you're Chinese... right?*" (Pancarte de Sandra). Pour d'autres nous avons la réponse à une présumée question posée par un interlocuteur absent : "*No, where are you really from?*" (Pancarte de Michele). Nous avons enfin la prise en charge par l'étudiant étasunien lui-même : "*When people think it's weird that I listen to Carrie Underwood*" (Pancarte de Nisarah).

Ces éléments, s'ils sont identifiés, problématisés et interprétés par les étudiants MEEF, sont des marqueurs de développement de CI, tels qu'ils ont été définis dans cet ouvrage. La partie suivante présente les résultats de l'étude sur le dispositif pédagogique du cours « Gestion des relations et des interactions entre des cultures différentes ». Les résultats sont construits à partir des discours des étudiants fonctionnaires stagiaires analysés dans les écrits qu'ils ont produits. Ils sont articulés à la littérature présentée et à la question du développement de CI. Ils montrent que les CI se pensent en contexte par rapport à une situation complexe à interroger. Ils mettent au jour à quel point, et cela est fortement soutenu dans les récents travaux de Dervin et Jacobsson (2021), il est nécessaire de stimuler la critique et la réflexivité des étudiants et de les aider à examiner des situations interculturelles.

Chapitre 6

Un choix des photographies argumenté

1. Un choix motivé

Nous avons identifié ce qui motive le choix des étudiants fonctionnaires stagiaires répartis en 22 groupes. Ceux-ci ont consulté le site Internet du projet de Kim Kyun et ont conjointement choisi une photographie. Cette dernière, après avoir été l'objet de discussions, donne lieu à la production d'un texte collectif. L'analyse des 22 textes fait émerger trois catégories essentielles de justification du choix de la photographie.

Catégorie 1 : La banalité quotidienne et intemporelle des situations dénoncées par les étudiants du projet de Kim Kyun. Pour les étudiants, la *microagression* dénoncée ne relève pas d'un discours extraordinaire, mais plutôt d'une petite phrase, d'un petit mot, qui peuvent être prononcés par n'importe qui et n'importe où. Ces faits s'observent dans des discours ou des attitudes de gens ordinaires. Pour les étudiants, ils ne sont pas particulièrement liés à la société actuelle, mais ont toujours existé dans les rapports à autrui.

Catégorie 2 : Le caractère déstabilisant et/ou choquant de la photographie, le GR17 alliant les deux. Pour les étudiants, la *microagression* dénoncée les met mal à l'aise, cela les embarrasse qu'on puisse dire de telles choses (encore de nos jours). Ou alors, pour certains étudiants, la *microagression* relève pleinement de quelque chose de choquant dont ils s'offusquent. Selon eux, la *microagression* heurte les bonnes façons de faire dans la relation à autrui, elle agit contre les convenances, et provoque une grande émotion chez les étudiants fonctionnaires stagiaires.

Catégorie 3 : La possibilité de faire un lien avec le métier d'enseignant, suite à l'analyse des photos du projet de Kim Kyun. Pour ces étudiants, la *microagression* dénoncée leur donne l'occasion de revenir sur des expériences scolaires vécues, quand eux-mêmes étaient élèves, ou alors dans leur fonction actuelle. Ils projettent leur rôle et leur place dans une éducation non raciste.

Les catégories (1) et (2) sont représentées de façon égale. Dix groupes entrent dans la catégorie (1) et dix dans la catégorie (2). Deux groupes se retrouvent dans la catégorie (3). Pour ces derniers groupes, la photo choisie déclenche des questionnements sur le métier d'enseignant et fait émerger des projections pour la classe (GR3 et GR14). Trois groupes, GR4, GR5, GR11, s'appuient sur la photo choisie pour évoquer des pistes pour l'école. Les éléments qui constituent les catégories ne sont cependant pas uniformes, bien au contraire. La partie suivante de l'ouvrage montre les nuances dans chacune des trois catégories principales construites.

2. La banalité quotidienne et intemporelle

Le projet de Kim Kyun met en avant des pratiques sociales étasuniennes qui datent de 2013. Ces pratiques, dénoncées *via* l'inscription d'une *microagression* et une mise en scène de soi, montrent clairement comment, sur un mode racial, des hiérarchies sont socialement produites (Mazouz, 2020) aux États-Unis. La plupart des groupes d'étudiants de Lille parlent de banalité quotidienne de la situation, au-delà du contexte étasunien. Les *microagressions* seraient des discours et/ou des gestes communs qu'on ferait fréquemment ou qu'on subirait fréquemment (pour certaines personnes). Les étudiants soulignent la présence du phénomène tant « en France ou partout dans le monde ». S'ils insistent sur le fait qu'il s'agit d'une véritable question de société, le groupe 5 dit que cela « a toujours été d'actualité », et « que ce problème est toujours présent au 21e siècle ». Pour argumenter son propos, le groupe 5 s'appuie sur des événements historiques et politiques plus ou moins éloignés temporellement, citant les actions de Luther King et Obama, qui selon eux ont rendu visible le phénomène. Ainsi, le projet de Kim Kyun ne révèle pas l'existence du phénomène. Il (re)met au-devant de la scène la race qui, bien qu'elle ne soit pas empiriquement valide (et du coup, il est plutôt question des races), est empiriquement effective selon les termes de Guillaumin (2002). Certains groupes indiquent que les *microagressions* dénoncées relèvent du racisme ordinaire également en pratique en France. Ils tiennent leur information de la présence de nombreux témoignages sur des plateformes dédiées ou sur les réseaux sociaux. Pour ces groupes, la notion de *microagressions* partage avec le racisme ordinaire le fait que l'interlocuteur n'a pas forcément l'intention d'être haineux. Pour des étudiants qui ont en moyenne 23 ans, l'expression racisme ordinaire est bien connue, suite à la forte médiatisation et utilisation du terme *via* des médias tels que les vidéos. La journaliste et militante Rokhaya Diallo (2014) a largement contribué à la mise en lumière des manifestations subtiles voire d'apparence sympathique du racisme ordinaire. Elle y contribue toujours, accompagnée de Grace Ly, comme dit précédemment, par l'animation des Podcasts « Kiffe ta race ». On peut d'ailleurs remarquer qu'aujourd'hui les deux professionnelles utilisent le mot micro-agressions [12] dans leurs Podcasts, et insistent sur la nécessité de verbaliser les expériences traversées par ce phénomène.

Certains groupes d'étudiants MEEF incluent leur propre expérience dans cette banalité, la plupart du temps dans la position de celui ou celle qui a subi une *microagression*. Ce dernier point est intéressant dans la mesure où les étudiants montrent qu'il est important d'interroger des situations qui ne sont pas forcément idylliques, mais qui relèvent d'un réel parfois douloureux de leurs propres expériences. Ils contribuent à ébranler l'idéal universel et donnent à voir, à l'instar des propos de Mazouz, « ceux qui sont soumis.es au quotidien aux assignations et aux discriminations raciales » (p. 80). Certains étudiants s'auto-désignent comme « ayant des origines étrangères » (GR22) : le dispositif leur permettrait de décider par eux-mêmes comment ils souhaitent se définir. Ce retour sur eux-mêmes fait ressortir que l'autre n'est pas forcément le migrant, l'allophone, le non-Occidental, mais qu'il peut être l'un d'entre eux mis à distance par les autres du groupe, verbalement par l'utilisation de l'expression « ayant des origines ». Le mis à distance parle la même langue, fait les mêmes études, a le même statut de fonctionnaire stagiaire, tout en étant altérisé. Par leur réflexion, ces étudiants sortent d'un cadre permettant d'expliquer l'Autre comme un individu ou une personne issus de cultures non occidentales (Dervin et Jacobsson, 2022, p. 28). D'autres du groupe s'inter-

---

[12] Podcast Kiffe ta race # 76 Assignation raciale, les maux pour le dire : https://www.binge.audio/podcast/kiffetarace/assignation-raciale-les-maux-pour-le-dire
Podcast Kiffe ta race # 78 Charge raciale", la double peine : https://www.binge.audio/podcast/kiffetarace/charge-raciale-la-double-pleine
Podcast Kiffe ta race # 15 Comment survivre au taf ? https://www.binge.audio/podcast/kiffetarace/comment-survivre-au-taf

désignent comme « ayant des origines étrangères » (GR22), sans relever cependant la dimension essentialisante et réductrice de leur appréciation d'autrui, alors même qu'ils la dénoncent dans la *microagression* vécue par Amanda. On sait par ailleurs que derrière cette dénomination ne se cachent pas toutes les origines (sachant que nous en avons tous), et que souvent l'expression veut désigner une personne avec des signes distinctifs visibles (on la dit « typée »). En France, ceux « qui ont des origines » sont mis sous l'étiquette politiquement correcte de « personnes issues de la diversité », qui sous-entend issues de l'immigration. On voit à travers cette expression des étudiants que ceux-ci se sont bien emparés de l'expression, la posant comme une évidence partagée, car aucun des étudiants du groupe n'a rétorqué selon l'affirmation de Dervin et Ragnarsdóttir (2014) : "*we have all roots*" (p. x). Les étudiants entérinent le principe de simplicité faisant appel uniquement à du visible pour définir l'identité complexe d'autrui.

3. La zone de confort touchée

À l'analyse des productions écrites, nous observons que quatre groupes sur dix utilisent le terme « choquant » pour caractériser leur photo et expliquer leur choix. Ayant choisi la photo de Kristina qui dénonce : "*This girl sitting next to me moves, to sit closer to someone she's talking to, and this white guy whispers loudly that she moved because I... "SMELL LIKE RICE*", le GR12 trouve squalide le contenu de la *microagression* :

> GR6 (photo de Kristina) : Nous avons choisi cette photo, car c'est celle qui a suscité la plus forte réaction dans notre groupe. On peut même la qualifier de choquante

Le groupe s'interroge sur la dimension inconsciente de cette *microagression*, tant elle leur semble violente et intentionnelle. Le côté choquant est renforcé par la combinaison d'imaginaires basés sur la proximité des corps, les murmures, l'odeur évoquée et le mouvement de déplacement pour échapper à celle qui nous dégoute.

Les autres groupes utilisent les mots « brutalité », « bouleversant », « fort » ou « contrasté » pour désigner l'attitude des étudiantes sur deux photographies précises, celle de Michele qui dit : "*No, where are you REALLY FROM?*" et celle de Winter dénonçant : "*You're really pretty... FOR A DARK SKIN GIRL*". Les étudiants expliquent le choix de ces deux photos en s'appuyant sur des indices multiples qui relient des éléments de la façade personnelle et la place d'un interlocuteur potentiel, mais aussi l'utilisation des majuscules d'imprimerie, le soulignage dans les *microagressions* inscrites sur les pancartes. Ces deux photos les bouleversent cependant pour des raisons différentes. Pour la photo de Michele, ils disent être scandalisés par le fait qu'une personne puisse entendre cette question au quotidien, au 21e siècle. Pour la photo de Winter, ils font référence aux standards de beauté et aux normes qui selon eux excluent toute personne non blanche. Ils notent que les choses évoluent, et qu'une *microagression* actuelle toucherait les personnes grosses, en surpoids ou obèses. Une des étudiantes avance le terme de grossophobie pour qualifier cette *microagression*, citant un exemple qui la concerne personnellement : « On me dit souvent, ça te va bien le noir (vêtements), ça t'amincit ».

Les étudiants montrent que l'image de Winter associée à la *microagression* qu'elle dénonce parle d'hier et d'aujourd'hui, tout en interrogeant le futur. Hier, de nombreuses images évoquaient le blanchiment des

« Noirs » (pour le rendre plus pur, plus propre) ou l'exacerbation de la couleur pour le rendu exotique (Ory, 2021, p. 198-199). Des thèses issues des travaux de Virey (1801) sur les races comme, dans son *Histoire naturelle du genre humain*, démontrent la considération des « Noirs » comme des êtres inférieurs et notamment sur le plan esthétique. Aujourd'hui, on constate que le rapport à la couleur de peau n'a pas complètement disparu. En témoignent la dénonciation de Winter datant de 2013 ou encore la publicité chinoise pour la lessive Qiaobi [13] de 2016 qui a fait polémique dans certains endroits du globe.

Les mots « brutalité », « bouleversant » et « fort » sont associés à la déclaration d'un choc négatif, tandis que les étudiants découvraient la photographie. Ces trois adjectifs sont fréquemment reliés avec le vécu des étudiants dont ils parlent alors entre eux. Cet effet de la photographie qui les amène à verbaliser des expériences peut être considéré comme une première étape dans la construction de CI. Une deuxième étape consisterait à observer comment nous nous positionnons dans les vécus délicats et déstabilisants, tout en examinant les idéologies sous-jacentes à nos attitudes ou discours. Pour Dervin et Jacobsson (2021), une autre étape est cruciale, celle qui consiste à analyser comment les relations de domination sont révélées et maintenues par la parole et à mettre au jour la dimension politique du langage.

Les groupes 8 et 12 utilisent le mot « contrasté » pour parler de la photo de Winter ou de Michele. Les deux photos

[13] https://www.youtube.com/watch?v=hYVKqF-fvo0
Article dans Le Monde « En Chine, une pub violente révèle un racisme ordinaire envers les Noirs » :
https://www.lemonde.fr/afrique/article/2016/05/27/en-chine-une-pub-raciste-qui-passe-les-noirs-a-la-machine_4927740_3212.html

les interpellent pour deux raisons principales. La première raison est l'attitude enjouée de Winter ou à l'inverse très rebutée de Michele qui contrastent avec les autres photos de la collection de Kim Kyun. La seconde raison est l'effet de questionnement dans le groupe provoqué par les photos de Michele et de Winter. Par exemple concernant la photo de Michele, le GR12 explique :

> GR 12 (photo de Michele) : Nous avons choisi cette photo car la femme présente semble avoir un air excédé (elle lève les yeux au ciel), ça nous a particulièrement interpelés. Nous pouvons supposer que les personnes qui discutent avec elle lui demandent très souvent d'où elle vient [les étudiants poursuivent par un scénario d'interactions imaginaires entre Michele et des interlocuteurs potentiels]

La photo en tant que support d'enseignement dans la formation au développement de CI déclenche des échanges et provoque la réflexivité. Mais aussi elle vient troubler chez les étudiants ce que Zembylas et Papamickael (2010) appellent "*their emotional comfort zones*" (p. 3) allant jusqu'à créer de l'empathie, selon les déclarations des groupes 2 et 20. Cette déclaration des étudiants permet d'aborder la difficile question de l'éthique dans le rapport à autrui et la façon de traiter autrui (Dervin et Jacobsson, 2021). C'est un pas important à souligner dans le développement des CI, car la rencontre avec l'autre est délicate et nécessite un comportement prudent où l'on est souvent sur le fil du rasoir. Le trouble engendré par la photographie les amène également à questionner leurs croyances, leurs habitudes et leurs pratiques sociales qui véhiculent des stéréotypes voire racialisent l'autre, pour ensuite ouvrir des portes vers la reconsidération de leurs propres convictions. Parfois la *microagression* dénoncée, si elle choque, elle ne déclenche pas forcément le même degré d'émotions chez les étudiants, ni la même distance critique. Ils disent alors que leurs désaccords, qualifiés de légers, ont donné lieu à des négociations, c'est-à-dire qu'ils ont tenté en coopérant entre eux de résoudre leur léger différend (Muller, 2009) concernant le degré choquant de l'expérience de racialisation dénoncée sur la photographie choisie.

4. Le lien avec le métier d'enseignant

Les expériences au cœur du métier d'enseignants sont peu convoquées par les groupes de travail. Seuls deux groupes font un lien explicite entre la photographie choisie et le volet professionnel. Les photos choisies (Josh et Maja) induisent en effet la possibilité de faire ce lien puisqu'elles évoquent des *microagressions* vécues en classe. Les termes "*classroom*" et "*high school*" sont mentionnés. Pour rappel, Josh dit : "*The limited representation of my race in your classroom does not make me the voice of all black people*" et Maja dit : "*Just because I'm Mexican that doesn't mean I should be the automatic 1st choice for the role of Dora the Explorer in the high school skit*".

Trois autres groupes indiquent que la photo choisie ouvre des portes vers des possibles professionnels. Elle stimule leur réflexion pour penser des pistes professionnelles à divers niveaux, à savoir au niveau micro (la classe), méso (l'établissement) ou macro (l'école au sens général). Certains évoquent même le niveau nano en endossant le rôle de l'acteur principal, qui après avoir réfléchi aux questions des *microagressions* veut sensibiliser des élèves pour un mieux vivre ensemble.

D'autres étudiants précisent le contexte disciplinaire dans lequel ils se voient intégrer la question des *microagressions*. Pour les GR3 et GR11, la discipline « en éducation morale et civique » est le meilleur espace. Un regard sur les prescriptions ministérielles qui guident les enseignements scolaires montre des finalités qui font s'entrarticuler le respect d'autrui, l'acquisition et le partage des valeurs de la République et la construction d'une culture civique (BOEN [14] n°30, 2018). Certains étudiants insèrent le travail de la thématique dans un contexte plus large, posant de manière évidente et déclarative la garantie du respect d'autrui assurée par l'école en général ou par leurs soins en particulier. Selon, les groupes 4 et 5 :

> GR4 : En tant qu'enseignants, c'est à nous d'apprendre aux enfants à être respectueux et tolérants avec les autres, et ce, dès le plus jeune âge
> GR5 : À travers l'éducation morale et civique, l'éducation a son rôle à jouer. L'école veille à ce que chaque individu soit respecté

[14] Bulletin officiel n°30 du 26-7-2018. Les finalités de l'enseignement moral et civique : file:///Users/vlemoine/Downloads/ensel170_annexe_985734.pdf

Chapitre 7

Du développement de compétences interculturelles

1. Des traces de développement de CI

Dans l'étude sur le dispositif pédagogique, une partie de notre analyse examine si les étudiants, pour interpréter la *microagression* sur la photographie choisie ont :

(a) pris en compte la dimension du discours (repérages effectués dans le texte de l'étudiant du projet Kyun) et les mises en scène de soi, comme « la façade personnelle » (Goffman, 1973, p. 30) de l'étudiant. C'est-à-dire, par exemple :

- le vêtement : (GR1, Josh) « il affiche un côté plus *fun* avec son bonnet original »
- l'âge : (GR2, Josh) « il a un visage adolescent et donne l'impression d'être beaucoup plus jeune que les autres étudiants, ce qui donne encore plus de force à son propos »
- les caractéristiques raciales[15] : (GR9, HP) « le terme *les Blancs* est utilisé pour montrer qu'elle est différente de par sa couleur de peau »
- l'attitude : (GR3, Michele) « nous observons que la personne sur la photo a la tête de côté »
- les mimiques : (GR13, Michele) « elle lève les yeux aux ciels et ne sourit pas »

---

[15] Terme traduit de l'anglais (Goffman est un sociologue américain)

- les gestes (ou le gestuel) : (GR19, Sandra) « nous voyons sur cette photo une jeune fille pointant du doigt le message ».

(b) pris en compte la voix de l'interlocuteur absent, tout en essayant de replacer la situation dans un contexte. Par exemple, le groupe 11 dit, à partir de la photographie de HP, « on ressent une certaine innocence de la part de la personne qui dit cette phrase ».

Le tableau 2 synthétise pour chacun des groupes la présence ou l'absence des points (a) et (b) dans les interprétations des *microagressions*.

Tableau 2. Points d'appui pour interpréter les *microagressions*

Groupes	Point (a)	Point (b)
1	X	-
2	X	-
3	X	-
4	-	X
5	**X**	**X**
6	X	-
7	X	-
8	**X**	**X**
9	X	-
10	**X**	**X**
11	-	X
12	**X**	**X**
13	**X**	**X**
14	-	X
15	**X**	**X**
16	-	X
17	-	X
18	X	-
19	**X**	**X**
20	**X**	**X**
21	X	-
22	-	X

Pour interroger la *microagression* dénoncée sur la photo choisie, les étudiants MEEF prennent appui sur l'un ou l'autre des points (a) ou (b), ou bien sur les deux en alternance (8 groupes/22, en gras dans le tableau 2.). Neuf groupes sur 22 posent la question de l'altérisation ou encore "*Otherization*" (Holliday et al., 2004), c'est-à-dire la mise à distance dans un processus de hiérarchisation de l'étudiant du projet de Kim Kyun qui a vécu l'expérience de racialisation. Ces groupes examinent le processus de mise à distance entre un groupe majoritaire "*Us*" *vs* un groupe minoritaire "*Them*", qui pose une frontière symbolique et rappelle des normes (« plus jolie *vs* moins jolie », dans l'analyse de la photo de Winter, par exemple). Pour certains groupes d'étudiants MEEF, « Nous » peut être « les Blancs » et « eux » « les Noirs » (mais pas forcément). Cette remarque s'accompagne d'une critique de ces désignations qui selon eux marquent nettement la relation hiérarchisante dominant-dominé, supérieur-inférieur dans les pratiques sociales. Les travaux de Sue (2010), qui montrent que "*microaggressions reflect a biased worldview of superiority-inferiority, and inclusion-exclusion in favor of Whites, and unfavorable attitudes and beliefs toward people of color*" (p. 157), éclairent d'une part ces analyses des productions des étudiants de Lille. D'autre part, les commentaires des étudiants dans leur écrit collectif entrent en résonnance avec les questions actuelles que soumet l'écrivaine Tania de Montaigne (2018), celle-ci voulant faire réfléchir au phénomène d'essentialisation de la personne à travers l'utilisation du N majuscule dans l'expression *les Noirs*.

Dans les 13 groupes restants, on retrouve la classique trilogie stéréotypes-préjugés-discrimination que Leyens (2012) désigne comme un des processus « étant les supports du racisme » (p. 70). Certains groupes convoquent les trois notions de façon liée et interdépendante (GR16, GR13, GR14). Ils débusquent le stéréotype à l'œuvre pour expliquer pourquoi l'étudiant du projet vit une expérience racialisante ou pourquoi le locuteur absent fait preuve de discrimination envers l'étudiant américain. Le GR16 montre également comment un comportement, celui du protagoniste dans la *microagression* de Kristina, peut entretenir l'existence d'un stéréotype et d'un préjugé. La plupart des autres groupes se contentent de parler de l'un ou de l'autre des termes séparément, sans les penser dans une articulation qui leur permettrait de mieux problématiser, et souvent sans les définir de façon suffisamment précise. Mais le travail sur le stéréotype ne permet pas de bien prendre en compte ce qui se joue dans les rapports de domination, celui-ci relevant du cognitif et non des dimensions systémiques (comme nous l'avons vu, les problèmes d'assignations relèvent également de pratiques à l'école).

2. Un groupe inspiré et inspirant

L'analyse plus détaillée de la production écrite du GR20 présente un intérêt pour cet ouvrage qui interroge le développement de CI par un travail sur les *microagressions*. Le GR20 a choisi la photographie de Sandra : "*So..., you're Chinese, right?*". La production collective est ubéreuse, elle fait partie des textes qui prennent fortement en compte les dimensions de la façade personnelle, en les articulant à la fois à la place de l'interlocuteur absent et à des éléments théoriques constitutifs de la définition de la notion de *microagressions*. Le groupe est composé de quatre étudiantes. Elles disent échapper aux vécus d'assignations raciales. Leur travail montre particulièrement les effets de l'analyse de la photo sur leurs propres convictions et leurs attitudes.

Les étudiantes en interaction émettent des hypothèses sur l'existence et les raisons de leurs représentations. Pour rappel, le dispositif propose une consigne en deux étapes, la première – partie (a) - étant la production écrite collective à partir d'une photo choisie dans le projet de Kim Kyun, la seconde – partie (b) - étant une production individuelle, reprenant les principes du projet photographique (sans obligation de se photographier). Tous les groupes ont fait cette seconde partie (b) de la consigne, avec ou sans leur propre photo. Le GR20 est l'un des groupes qui a fait la partie (b) en joignant une photo personnelle avec la *microagression* personnelle vécue (autre que raciale), accompagnée d'un texte d'environ 15 lignes, pour chacune des quatre étudiantes.

Le GR20 articule d'emblée des éléments de la façade personnelle avec des repères linguistiques dans la *microagression* dénoncée et le rôle d'un interlocuteur potentiel pour reconstruire le sens de la situation dénoncée par Sandra. Le groupe s'attache à expliquer l'importance du contexte et de la situation d'énonciation de la *microagression* en vue d'analyser cette dernière. Le texte fait preuve de polyphonie dans la mesure où les étudiantes convoquent dans leur discours plusieurs voix qui représentent différents points de vue. Elles mobilisent tout d'abord la voix des médias, puis celle de l'éducation à la maison et à l'école en tant que socialisation primaire (Darmon, 2016) et des références scientifiques pour analyser la *microagression.* Leur analyse par le croisement des voix multiples leur fait prendre conscience, selon leur propre déclaration, qu'elles-mêmes auraient pu prononcer cette phrase. Elles se posent en tant qu'assignatrices racialisantes potentielles. Elles font alors référence à leur expérience au restaurant asiatique où elles disent que « si les personnes ont un faciès asiatique, c'est ce qui garantit pour nous l'authenticité de la cuisine servie ». La thématique de la cuisine marque l'omniprésence des questions raciales au quotidien. Les étudiantes du GR20 semblent s'en rendre compte et mettent au jour les clichés qu'on associe à certaines personnes dont le faciès garantit l'authenticité de la nourriture. Dans leurs Podcasts « Kiffe ta race », les journalistes Rokhaya Diallo et Grace Ly ne s'y sont pas trompées, elles ont consacré des débats autour de cette thématique comme en témoignent les Podcasts #53 et #82. Quand les étudiantes MEEF analysent la photo de Sandra, elles imaginent l'interlocuteur absent en le mettant en scène pour mieux contextualiser la situation. Elles indiquent que l'interlocuteur absent (imaginé par elles) se sert de repères visuels pour étiqueter Sandra, et que cet interlocuteur attend que Sandra réponde à ce qu'il imagine qu'elle doit être, à savoir, selon les quatre étudiantes, « celle qui a un accent identique à tous les asiatiques », « celle qui mange du riz avec des baguettes ». Les étudiantes mettent au jour l'assignation racialisante par l'interlocuteur absent qui décide de qui doit être Sandra. Le groupe interroge ce qu'A. Pretceille (2020) appelle « la validité des définitions catégorielles comme l'ethnie, la culture, le groupe social » (p. 28), au lieu de replacer la signification des choses au cœur des interactions. Le groupe analyse l'influence de la conception de la culture de l'interlocuteur imaginé dans sa manière de voir l'autre. Il souligne que cette conception relève du culturalisme dans la mesure où l'interlocuteur utilise un processus de survalorisation de la différence et établit systématiquement un lien entre les attributs physiques visibles et une identité nationale présumée.

Le groupe poursuit son analyse en se penchant sur les effets possibles de la *microagression* subie par Sandra. Elles décident alors de se mettre en scène et de s'ouvrir à leurs expériences subjectives : « Mettons-nous à la place de cette personne qui ne passe pas une journée sans entendre ce genre de réflexion, même dite avec bonne foi ». Elles témoignent de CI en montrant leur capacité à « se transposer dans l'expérience minoritaire » à laquelle elles ont déclaré échapper (Mazouz, 2020, p. 82). Les étudiantes mentionnent un contexte qui devient le centre de leur attention, qui leur permet de construire une signification des *microagressions*. Elles s'attachent ensuite à circonscrire la notion de *microagressions* en convoquant les éléments définitoires. Les étudiantes citent la fréquence de l'expérience de racialisation, le fait que le phénomène touche tout le monde, mais souvent dans des places et rôles différents : la place et le rôle de l'assigné et/ou de l'assignateur, la non conscience de faire du mal et en même temps la réalité de faire du mal, le fait de poser une question dérangeante.

Dans la section conclusive de leur écrit, les étudiantes apportent un éclairage par la voix de la littérature vue en cours. En citant A. Pretceille, elles dénoncent les *microagressions* qui réduisent l'identité de Sandra à « une somme de caractéristiques *sui generis* » (A. Pretceille, 2020, p. 29). Puis, elles indiquent que « c'est la relation entre deux personnes elles-mêmes complexes qui va créer une situation unique », en s'appuyant sur un article de Dervin. La présence de ce dernier point qui montre l'utilisation de références travaillées en cours peut laisser supposer que l'image choisie devait pouvoir montrer à la formatrice des traces tangibles du développement de leurs propres CI. Peut-être qu'en tant que « bonnes élèves », elles souhaitaient faire preuve de ce développement de CI. Ce qui tend à rester prudent sur la pérennité des CI développées dans le contexte institutionnel, et sur la mobilisation de ces compétences dans un autre contexte et une situation de production différente. Mais également, la convocation de ces références est intéressante pour nous en tant que formatrice, nous montrant des points d'amélioration pour former à l'interculturalité. Nous devons nous atteler à mieux penser l'accompagnement des étudiants pour développer de la curiosité et s'inscrire dans des communautés de références au-delà des « frontières linguistiques et idéologiques » (Dervin et Jacobsson, 2022, p. 62).

3. Au-delà de l'assignation racialisante

Cette partie brièvement traitée se focalise sur un résultat intéressant pour la profession enseignante et pour l'étude des assignations au-delà de l'assignation racialisante. Les analyses des productions individuelles font émerger le manque d'aura de la profession dans le grand public, selon les déclarations de certains étudiants. Sur les 74 productions individuelles, 30 sont accompagnées d'une photo de l'étudiant, 39 sont sans photo et 5 présentent une image *a priori* sélectionnée sur Internet, en lien avec le texte proposé. Un étudiant présente sa production en langue anglaise. Parmi les 39 étudiants qui n'ont pas joint de photo d'eux-mêmes, certains justifient ce choix. Ils expliquent que la *microagression* qu'ils ont choisi de dénoncer ne les concerne pas directement, mais qu'elle fait référence à une assignation racialisante vécue par une de leurs connaissances. Ils ne se permettent donc pas d'ajouter une photo. Deux interprétations principales sont envisageables. Soit ces étudiants font partie des personnes qui ne subissent jamais d'assignation (quelle qu'elle soit : race, genre, âge, religion, orientation sexuelle…), soit le dispositif ne les a pas rassurés et ils ne se sont pas autorisés à verbaliser une assignation personnellement vécue. Des entretiens individuels permettraient de creuser ce sujet.

L'analyse des 74 productions individuelles met au jour 3 catégories dominantes pour 47 textes individuels, et des éléments disparates pour les 27 autres. Ces éléments touchent aux questions d'obésité, d'âge, de physique (taille) ou d'activité sportive. Pour les étudiants, il est clair que certains décident de ce qui est acceptable, de ce qui est bien ou beau dans la société actuelle, passant sous silence les variations selon les époques. Ces éléments inclus dans des *microagressions* dénoncées par les étudiants MEEF mettent en exergue des rapports de domination derrière des injonctions à être mince, jeune, ni trop grand ni trop petit. Deux des trois catégories dominantes convergent avec les thèses développées dans les travaux de Sue (2010). Une catégorie regroupe les "*racial microaggressions*", avec une nuance régionaliste, pour 12 textes. L'autre catégorie regroupe les "*gender microaggressions*" pour 20 écrits. Des productions écrites mêlent parfois les deux catégories, race et genre. Ces productions sont intéressantes dans la mesure où elles montrent que les étudiants pensent au croisement de plusieurs éléments pour expliquer une forme de domination. Trois étudiants qui ont été destinataires des *microagressions* s'expriment par une prosopopée :

> Étudiant PL : Je n'aime pas les Arabes, mais toi je t'aime bien
> Étudiante M.AW : T'es Ch'ti t'es forcément mariée avec ton cousin, non ?
> Étudiante SD : T'es haute comme trois pommes, c'est mignon

Pour rappel, Chester Pierce dans les années 1970 a conceptualisé le concept de « *racial microaggressions* ». De nos jours, nous identifions clairement le caractère multifacette des *microagressions*. Sue (2010) souligne : "*it is clear that microaggressions can be expressed toward any marginalized group in our society; they can be gender-based, sexual orientation-based, class-based, or disability-based*" (p. 5). Une autre catégorie émerge à l'analyse des productions écrites des étudiants MEEF. On pourrait proposer de la catégoriser sous la dénomination de *profession-orientation microaggressions*. Pour cette catégorie, Sue (2010) parle de *microagressions* dans le milieu du travail, sous le terme de « *microinequities* » (p. 24), en y associant la question du genre ou de l'*African American/Asian American* ou *Latino-Hispano American.* Dans 15 productions, les étudiants dénoncent les *micro-agressions* faites aux enseignants, menées par la société, mais aussi par la famille ou les amis, avec ou sans association à un autre attribut. Ci-après, le premier exemple conjugue assignation liée au métier d'enseignante et assignation genrée. L'expression « ta vie de famille » dans cette *microagression* remet au goût du jour le combat mené par Simone de Beauvoir[16] sur la révolution du rapport de domination femme-homme, par la répartition des tâches ménagères.

> Étudiante LC : C'est bien que tu sois prof, en tant que femme, ça te laisse du temps pour ta vie de famille
> Étudiante JT : Tu es professeure des écoles ? Mais, tu es toujours en vacances, non ?

Le tableau ci-après synthétise les catégories reconstruites dans l'analyse des productions individuelles.

Tableau 3 : Productions étudiantes et catégories

Total productions	74 productions	
Répartition productions	47 productions	27 productions
Catégories	Race + appartenance région Genre Métier enseignant	Obésité Âge Physique (taille) Activité sportive

[16] France Culture : Simone de Beauvoir https://www.youtube.com/watch?v=o37agOSkVtA

Au sujet de l'assignation liée au métier, les dénonciations des étudiants MEEF semblent faire écho au discours commun véhiculé par les médias qui affichent que les enseignants français sont les plus mal aimés du monde. Peu de recherches, en France ou ailleurs étudient actuellement cette *microagression* spécifique qui émerge des écrits étudiants lillois faits dans un contexte de production unique. Encore moins dans son association avec d'autres aspects. Cet élément pourrait être pris en compte au même titre que la classe, la race, le genre pour expliquer les expériences d'assignation vécues. Par ailleurs, la France n'a pas le monopole de cette question. Les travaux suisses de Boller et Plüss (2010) soulignent que « le traitement médiatique de la profession d'enseignant est fortement chargé d'émotions. Cela ne facilite pas la compréhension du quotidien des pédagogues » (p. 30).

Dans la production individuelle il apparait que le travail à partir du projet de Kim Kyun, entièrement centré sur les assignations racialisantes, permet à certains étudiants MEEF deux choses. La première chose est de mettre des mots sur un malaise persistant, en tant que celui qui subit. La seconde est d'interroger la manière dont leur identité professionnelle est essentialisée par autrui et parfois réduite à quelques attributs dévalorisants en interaction.

Chapitre conclusif

Promesses et périls

Comme nous venons de l'exposer dans cet ouvrage, parler de race, mais aussi de genre, d'âge, de métier dans une perspective critique et réflexive est crucial dans la formation des futurs enseignants. C'est en même temps une entreprise scabreuse, si on ne prend pas le temps de bien définir ce qui est entendu par *parler de race*. Les notions, au singulier, sont utilisées pour nommer des pratiques sociales hiérarchisantes, des pratiques de domination réelles qui se produisent dans des interactions quotidiennes, et qui doivent être dévoilées. Pour se faire, nous avons pris l'option de nous centrer sur un support pédagogique, le projet photographique de Kyun et sur une ressource, les *microagressions*, dans l'objectif de développer des CI.

L'ouvrage s'appuie dans un premier temps sur un élément qui semble non contestable du point de vue des étudiants. Cet élément relève d'un positionnement qui tend à nier que ceux-ci pourraient tenir des propos peu louables envers certains élèves. Ou encore que ceux-ci pourraient avoir des attitudes interrogeantes parfois qualifiables de racistes ou présentant un « sexisme bienveillant » (Leyens, 2012, p. 125), quand on demande aux garçons de la classe de prendre en charge une tâche qu'on estime non adaptée aux filles, par exemple. On en conviendra, comme le dit avec humour Tania de Montaigne dans l'émission *Brut*

Original[17], que personne ne lève la main quand on demande « Qui est raciste dans la salle ? ».

L'ouvrage s'appuie sur un élément qui semble incontestable au regard des valeurs attribuées communément au métier d'enseignant (bienveillance, tolérance, ouverture d'esprit). Les étudiants MEEF sont intrinsèquement ou vont devenir des compétents interculturels. Forcément, car ils doivent gérer la diversité culturelle, linguistique, sociale, cognitive des élèves, comme l'indique le référentiel de compétences de la profession. Cet incontestable est rarement remis en question, et encore moins dans un versant déstabilisant et bouleversant *via* l'utilisation de la race en tant qu'outil cognitif pour mettre au jour les assignations racialisantes. Pourtant les actes déshumanisants comme les *microagressions* égrènent le quotidien de nombreuses personnes (ceux qui subissent en silence), tandis que d'autres sont inconscients de leurs effets sur autrui (ceux qui assignent). Il est bien sûr crucial pour les étudiants de développer des CI qu'ils pourraient mobiliser afin d'analyser des situations en contexte éducatif et de mieux comprendre ce qui parfois « prive autrui d'une partie de son humanité » (Leyens, 2012, p. 152).

Des expressions comme celles affichées par les étudiants du projet de Kim Kyun circulent dans la société en toute bonhommie, oui en France aussi. Nous sommes bien consciente que le choix assumé dans et pour le dispositif pédagogique présenté dans cet ouvrage ne conviendra pas à ceux qui regimbent, avançant qu'on en fait trop avec la race,

[17] Vidéo Brut Original. Quand Tania de Montaigne démonte les clichés racistes auprès de jeunes (27/12/2021) : https://www.francetvinfo.fr/sante/enfant-ado/video-quand-tania-de-montaigne-demonte-les-cliches-racistes-aupres-de-jeunes_4879735.html

au détriment de la classe sociale (Beaud et Noiriel, 2021 ; Michaels, 2006). Sans nier l'importance de la prise en compte des divers éléments explicatifs comme la classe, le genre, etc., c'est un combat de chapelle qui fait fi de ce qu'on entend vraiment dans les discours à l'école. Mais aussi font-ils peut-être partie de ceux qui ne vivent pas personnellement des expériences racialisantes fréquentes. Des chercheurs comme Sommier, Bousquet et Frame (2021) tirent (encore) la sonnette d'alarme, Delphy (2008) l'ayant fait depuis des décennies déjà. Il est urgent de se pencher sur le « fossé (grandissant) entre le monde universitaire, de plus en plus réduit à l'image privilégiée et fermée de la tour d'ivoire, et l'arène sociale avec laquelle il s'efforce pourtant de s'engager » (Sommier et al., 2021, p. 711).

Le dispositif présenté dans l'ouvrage veut bousculer les prêts-à-penser des étudiants stagiaires pour qu'ils s'impliquent dans ces discours qui circulent dans les situations les plus anodines, et particulièrement en contexte de travail. Le choix du projet photographique n'est cependant pas neutre, dans la mesure où le projet se passe aux États-Unis où l'on parle de race. L'idée est de proposer un travail dans une perspective critique à partir d'une autre façon de voir le monde, au-delà de la vision eurocentrée. En effet, les jeux d'opposition binaires *Whites versus Afro Americans/Asian Americans/Latino-Hispano Americans* prévalent aux États-Unis. Ils font sens dans ce que Poiret (2011) appelle un « rapport social de domination-subordination qui fonctionne par référence aux origines » (p. 108). Tout comme l'utilisation du mot *Race* déstabilise certains étudiants qui ne voient pas immédiatement son usage au même titre que celui de genre ou de classe (tout au singulier). Il n'existe pas de races au sens biologique et naturel, mais il en existe bien un usage social… à débusquer. Les étudiants MEEF de l'étude font peu de cas de ces aspects du contexte étasunien, qui donnent tout son poids à la situation de production. À l'exception des groupes 5 et 15. Le GR5 replace l'usage social de la race dans l'histoire des États-Unis, tandis que le GR15 tente une analyse politique et sociologique pour expliquer les assignations raciales données à voir sur les photos. On sait bien qu'en France (ou encore en Europe), les jeux d'opposition peuvent viser plutôt les immigrés, les migrants, les Roms ou comme le dit le groupe 3, « les arabes, les blondes, les Belges, les riches, les pauvres ». Auger, Azaoui, Houée et Miquel (2018), engagés dans le projet européen Romtels ERASMUS +, s'intéressent par exemple aux manières de favoriser la réussite des enfants Roms de quatre pays européens, alors qu'ils sont fréquemment discriminés. Le GR3, sans aller loin dans le questionnement, indique qu'il est urgent de remettre en cause la prépondérance qui traverse les oppositions autres que *Whites/Blacks*, et de revenir à celle riches/pauvres (Michaels, 2006). On voit dans cette réflexion, comme évoqué *supra,* qu'il se joue ici la question des idéologies, défendues dans des enclaves scientifiques, les uns focalisant sur un élément, les autres sur un autre. Pourtant, interroger les articulations entre divers éléments est bien souvent pertinent pour comprendre les rapports de domination dans leur complexité.

Aussi, afin de ne pas enfermer les étudiants dans un travail à partir des *racial microaggressions* (les seules présentes dans les 20 photos du projet), nous avons opté de nous appuyer sur ce que Dervin, Cheng, Yuan et Jacobsson (2020) donnent comme principe d'une formation au développement de CI en éducation, à savoir "*The mirror: turning inward*" et de proposer la partie (b) dans la consigne. Nous remarquons que chaque étudiant s'est saisi de cette opportunité pour interroger une *microagression* vécue, en tant qu'assigné ou à la marge en tant que perpétrateur. La grande majorité en effet s'est présentée comme assignée (n = 70). Rappelons cependant que la consigne recommandait de s'inspirer du travail mené dans le projet de Kim Kyun. Un étudiant déclare ne pas avoir traversé d'expérience de *microagressions*. Trois étudiants du même groupe se sont posés comme les assignateurs dans la réalisation de la production individuelle (« nous pouvons être les instigateurs », GR13). Enfin, de l'analyse de ce corpus émerge un élément qui s'écarte de la dimension racisante du projet de Kim Kyun. Il met les ressentis des étudiants (15/74) au cœur de leurs préoccupations sur la considération sociétale de leur métier. Ce résultat ouvre des perspectives de recherche et d'actions pour proposer un dispositif de formation qui laisse s'exprimer des acteurs peut-être pas suffisamment écoutés.

En tant que chercheuse, il est toujours délicat de se montrer zélatrice. En tant que formatrice en master MEEF, il ne nous semble pas vain de mettre en place un dispositif pédagogique qui bouscule les futurs enseignants et les *débâillonne*. Plusieurs raisons peuvent être avancées. La première est qu'il est intéressant et productif de les pousser dans une zone d'inconfort par l'utilisation de la notion de race souvent en contradiction avec celle d'universalisme. La deuxième raison est que poser des contraintes de travail amène les étudiants à créer une production originale. Le dispositif pédagogique leur permet d'un côté de se frotter aux réalités des pratiques sociales auxquelles ils n'ont pas forcément pris le temps de réfléchir. D'un autre côté, le dispositif, avec une écriture spéculaire, offre des possibilités de s'exercer à développer des CI qui leur permettent de rester vigilants quant aux phénomènes hiérarchisants de valorisation/dévalorisation d'autrui qui peuvent se déguiser sous forme de compliment ou d'humour. Ou encore de « se saisir de la question minoritaire sous son aspect expérientiel » (Chassain et al., 2016, p. 11). Enfin, le choix de recourir à un projet photographique pour développer des CI incite les étudiants à prendre des repères dans les éléments visuels, discursifs ou extratextuels et à recourir à des voix absentes, et ainsi à interroger sous divers angles une situation complexe qui n'a de pertinence qu'en contexte, dans une situation de production précise.

Le choix de l'utilisation de photographies est certes commun en didactique des langues-cultures. Les images font leurs preuves bien au-delà de cette discipline. Elles sont un support puissant pour déconstruire, c'est-à-dire mettre au jour la structure, les phénomènes d'assignations de diverses natures (raciale, dans le projet de Kim Kyun). Les photographies de Kyun (2013) aident les étudiants MEEF à développer des CI, dans leur versant « démonter les présupposés sur lesquels s'appuient ces images pour donner une nouvelle signification et rendre audibles leurs effets nocifs afin de les expliquer et de mesurer leur puissance dans la transmission des idées, pensées et sous-entendus racistes » (Blanchard et Boëtsch, 2021, p. 225). En prolongement, on pourrait continuer, dans un temps et un espace de formation idéal, à développer des CI par la confrontation des diverses productions à partir d'une même photographie. Les étudiants pourraient prendre conscience de la pluralité des interprétations et des cadres de référence. Ils pourraient mieux se rendre compte qu'au sein même de leur cohorte d'étudiants MEEF certains assignent, d'autres subissent et ainsi mieux traiter de la question des rapports sociaux. Cela servirait la mise au jour de points aveugles par lesquels selon Mazouz (2020), « les pratiques de pouvoir se réalisent, se reconduisent et se réaffirment »

(p. 85). Et donc, étudier chaque situation comme une dynamique dans laquelle se déclinent des rapports de domination qui peuvent à la fois convoquer le racisme, le sexisme, l'âgisme, entre autres.

Mais des freins institutionnels mettent fin à cette projection idéalisante. Dhume (2021) mène des enquêtes sur le traitement de la question des discriminations en formation des enseignants. Ses résultats sont sévères. Faibles volumes horaires, cours parfois optionnels, peu ou pas de place dans les maquettes, des contenus de formation peu pertinents pour avancer vraiment sur ces questions. En même temps, le dispositif pédagogique proposé dans cet ouvrage répond à ce qu'il estime important de travailler avec les étudiants futurs enseignants. Selon Dhume (2021), l'important est de travailler « dans la réflexion et la réflexivité sur le pouvoir et ses asymétries, sur les hiérarchies et leurs effets, sur les positions respectives (majoritaires et minorisées) dans les rapports de domination, qui structurent l'action scolaire » (p. 293). L'étudiant futur enseignant en tant qu'individu en voie de devenir compétent interculturellement « ne peut pas être conçu comme un système d'interactions mécaniques avec son environnement. Il doit être vu comme capable d'actions intentionnelles » (Rey, 2014, section pour conclure dans : C. Une conception du sujet, paragr. 2) pour prendre conscience de ses points d'amélioration dans le rapport éthique à autrui.

Références bibliographiques

A. Pretceille, M. (2020). *La communication interculturelle. Entre pertinence et impertinence*. L'Harmattan.

A. Pretceille, M. (2017). *Quelle école pour quelle intégration ?* Hachette.

Akkari, A. et Radhouane, M. (2022). *Intercultural Approaches to Education. From Theory to Practice*. Springer.

Auger, N. (2021). Que faire en formation de la pluralité des langues ? Dans F. Lorcerie (dir.), *Éducation et diversité. Les fondamentaux de l'action* (p. 235-249). PUR.

Auger, N. et Le Pichon-Vorstman, E. (2021). *Défis et richesses des classes multilingues. Construire des ponts entre les cultures*. ESF éditions.

Auger, N., Azaoui, B., Houée, C. et Miquel, F. (2018). Le projet européen Romtels (Roma translanguaging enquiry learning spaces). *Recherches en didactique des langues et des cultures* [En ligne], 15(3). http://journals.openedition.org/rdlc/3321 ; DOI : https://doi.org/10.4000/rdlc.3321.

Amossy, R. (2015). *La présentation de soi*. PUF.

Bachelard, G. (1938/2011). *La formation de l'esprit scientifique*. VRIN.

Ball, A.F. (2000). Preparing teachers for diversity: lessons learned from the US and South Africa. *Teaching and Teacher Education, 16*, 491-509.

Baptiste, A., Belisle, C., Pechenart, J.-M. et Vacheret, C. (1991). *Photolangage. Une méthode pour communiquer en groupe par la photo*. Les éditions d'organisation.

Baugnies, M., Lucy, M. et Terrien, P. (2022). Interculturalité et recherche participative. Concept et outil pour transformer les pratiques enseignantes. *Bildungsforschung, 1,* 1-19.

Beaud, S. et Noiriel, G. (2021). *Race et sciences sociales. Essai sur les usages publics d'une catégorie.* AGONE.

Berardo, K. et Deardorff, D-K. (2012). *Building cultural competence. Innovative activities and models.* Stylus.

Bettini, M. (2017, trad.). *Contre les racines.* Champs Actuels.

Bezzari, S., Sanojca, E. et Eneau, J. (2019). Repérer les compétences collaboratives et les compétences interculturelles en formation d'adultes. *Éducation permanente, 218*, 143-160.

Blanchard, P. et Boëtsch, G. (2021), *Le racisme en images. Déconstruire ensemble*. Éditions de la Martinière.

Boller, B. et Plüss, S. (2010). Dans la presse suisse. *Éducateur, 3,* 27-30.

Bouabidi, M. (2018). *Microagressions et racisme ordinaire. Étude d'un corpus de témoignages d'internautes français : relations entre racisme ordinaire et microagressions, et impact sur les vécus sociaux, scolaires et/ou professionnels.* [Mémoire de master]. INSPÉ de Lorraine.

Byram, M. (2003). *La compétence interculturelle.* Conseil de l'Europe.

Byram, M. (1997). *Teaching and assessing intercultural competence*. Multilingual Matters.

Caspari, D. et Schinschke, A. (2009). Aufgaben zur Feststellung und Überprüfung interkultureller Kompetenzen im Fremdsprachenunterricht. Entwurf einer Typologie. Dans A. Hu et M. Byram (dir.), *Interkulturelle Kompetenz und fremdsprachliches Lernen. Modelle, Empirie, Evaluation* (p. 273-285). Gunter Narr Verlag.

Causey, V. E., Thomas, C. D. et Armento, B. J. (2000). Cultural diversity is basically a foreign term to me: The challenges of diversity for preservice teacher education. *Teaching and Teacher Education, 16*, 33-45.

Chassain, A., Clochec, P., Couffignal, G., Le Meur, C., Lenormand, M. et Trégan, M. (coord.) (2016). L'expérience minoritaire. *Tracés, 30*.

Cockrell, K. S., Placier, P. L., Cockrell, D. H. et Middleton, J. N. (1999). Coming to terms with "diversity" and "multiculturalism" in teacher education: Learning about our students, changing our practice. *Teaching and Teacher Education, 15*, 351-366.

Conseil de l'Europe (2022). *Recommandation CM/Rec (2022)1 du Comité des Ministres aux États membres sur l'importance de l'éducation plurilingue et interculturelle pour une culture de la démocratie.* Strasbourg.

Cros, F. (1999). Autour des mots. L'innovation en éducation et en formation dans tous les sens. *Recherche et Formation, 31*, 127-136.

Darmon, M. (2016). *La socialisation*. Armand Colin.

Deardorff, D.K. (2020). Manuel de développement des compétences interculturelles : les cercles d'histoires. UNESCO.

Deardorff, D.K. (2021). Three Chairs. Dans K. Berardo et D.K. Deardorff (2012). *Building cultural competence. Innovative activities and models* (p. 238-240). Stylus.

Deardorff, D.K. (2006). The identification and assessment of intercultural competence as a student outcome of internationalization at Institutions of higher education in the United States. *Journal of Studies in International Education, 10*(3), 241-266.

Delphy, C. (2008). *Classer, dominer. Qui sont les autres ?* La Fabrique.

Dervin, F. (2022). *L'interculturel en miettes*. L'Harmattan.

Dervin, F. (2016). *Compétences interculturelles*. Éditions des Archives Contemporaines.

Dervin, F. et Jacobsson, A. (2022). *Intercultural Communication Education. Broken realities and rebellious dreams*. SPRINGER.

Dervin, F. et Jacobsson, A. (2021). *Teacher education for critical and reflexive interculturality*. Palgrave Macmillan.

Dervin, F. et Jacobsson, A. (2021a). *Interculturaliser l'interculturel*. L'Harmattan.

Dervin, F., Moloney, R. et Simpson, A. (2020). *Intercultural competence in the work of teachers. Confronting ideologies and practices.* Routledge.

Dervin, F., Cheng, A., Yuan M. et Jacobsson, A. (2020). *COVID-19 and interculturality: first lessons for teacher educators*. James Nicholas Publisher. DOI : https://doi.org/10.7459/es/38.1.06.

Dervin, F. et Gross, Z. (2016). *Intercultural competence in education: Alternative approaches for different times*. Palgrave Macmillan.

Dervin, F. et Ragnarsdøttir, H. (2014). *Origins: A sustainable concept in education.* SensePublishers.

Diallo, R. (2014). *Qu'est-ce que le racisme ordinaire ?* [Vidéo en ligne].

Diallo, R. et Ly, G. (2021). *Kiffe ta race. Explorer les questions raciales sans tabous*. FIRST éditions.

Dhume, F. (2021). Le problème des discriminations, enjeu et levier pour la formation. Dans F. Lorcerie (dir.), *Éducation et diversité. Les fondamentaux de l'action* (p. 281-294). PUR.

Dhume, F. (2016). Du racisme institutionnel à la discrimination systémique ? Reformuler l'approche critique. *Migrations et société*, *163*(1), 33-46.

Dhume, F. et Gognet, M. Racisme et discriminations raciales à l'école et à l'université : où en est la recherche ? *Le français aujourd'hui*, *209*, 17-27.

Dumitru, S. (2015). De quelle origine êtes-vous ? Banalisation du nationalisme méthodologique. *Terrains/Théories, 3*, 1-15.

Fabre, M. (2017). *Qu'est-ce que problématiser ?* VRIN.

Ferron, B., Née, É. Et Oger, C. (2022). *Donner la parole aux « sans-voix ». Construction sociale et mise en discours d'un problème public*. PUR.

Gaertner, S.L. et Dovido, J.F. (1986). The adversive form of racism. Dans J-F. Dovido et S-L. Gaertner (dir.), *Prejudice, discrimination and racism*, (p. 61-89). Academic Press.

Garmon, M.A. (2004). Changing Preservice Teachers' Attitudes/Beliefs About Diversity: What are the Critical Factors? *Journal of Teacher Education, vol.* *5*(3), 201-213.

Goffman, E. (1973). *La mise en scène de la vie quotidienne. 1. La présentation de soi*. Les Éditions de Minuit.

Goï, C. (2015). *Des élèves venus d'ailleurs*. Canopé éditions.

Griffin, J.H. (1976). *Dans la peau d'un Noir*. Folio.

Grossen, M. et Salazar-Orvig, M. (2011). Processus d'influence, cadrage et mouvements discursifs dans un groupe focalisé. *Bulletin de psychologie, 515*, 425-438.

Guillaumin, C. (2002). *L'idéologie raciste*. Folio essais.

Haas, A. & Shimada, S. (2014). Les politiques de gestion de la diversité dans les organisations : Proposition de typologie à l'usage des chercheurs et des entreprises. *Management international, 18*(2), 14–21. https://doi.org/10.7202/1024190ar

Hiller, G.G. (2010). Innovative methods for promoting and assessing intercultural competence in higher education. *Proceedings of Intercultural Competence Conference, Vol. 1*, p. 144-168.

Holliday, A., Hyde, M. et Kullman, J. (2004). *Intercultural communication*. Routledge.

Holmes, P. et O'Neill, G. (2012). Developing and evaluating intercultural competence: Ethnographies of intercultural encounters. *International Journal of International Relations*, *Vol. 36, 5*, 707-718.

Holmes, P. et O'Neill, G. (2010). Autoethnography and self-reflection: tools for self-assessing intercultural competence. Dans Y. Tsai et S. Houghton (dir.), *Becoming intercultural. Inside and outside the classroom* (p. 167-191). Cambridge Scholars.

Hu, A. et Byram, M. (2009). *Interkulturelle Kompetenz und fremdsprachliches Lernen. Modelle, Empirie, Evaluation*. Gunter Narr Verlag.

Kyun, K. (2013). *Racial microaggressions*. https://nortonism.tumblr.com/

Lanas, M. (2014). Failing intercultural education? 'Thoughtfulness' in intercultural education for student teachers. *European Journal of Teacher Education, 37*(2), 171-182, DOI: 10.1080/02619768.2014.882310

Landis, D., Bennett, J.M. et Bennett, M.J. (2004). *Handbook of Intercultural Training*. SAGE Publications.

Legardez, A. et Simmoneaux, L. (2006). *L'école à l'épreuve de l'actualité. Enseigner les questions socialement vives*. ESF éditions.

Lemoine-Bresson, V. (2021). *Croyances et savoirs d'expériences d'enseignants allemands et français.*

(Re)penser l'interculturel à l'école. Préface de N. Auger. L'Harmattan.

Lemoine-Bresson, V. et Trémion, V. (2022). *Les cultures à l'école*. RETZ Mythes et réalités.

Lemoine-Bresson, V. et Trémion, V. (2022a). Problématisation de situations interculturelles en master Métiers de l'éducation et de la formation. *Recherches en éducation, 47*, DOI : https://doi.org/10.4000/ree.10521

Lemoine-Bresson, V. et Trémion, V. (2021). Problematizing culture with video in teacher training. *Language and Intercultural Communication, 21*(6), 781-792. DOI : 10.1080/14708477.2021.1989445

Lemoine-Bresson V., Lerat S., Trémion V. et Gremmo M.J. (2022). Quelles représentations de l'interculturalité chez des étudiants futurs enseignants ? Dans V. Delorme, A. Bretegnier et L. Nicolas (dir.), *L'interculturel dans l'enseignement supérieur : enjeux, conceptions, pratiques et dispositifs*. Édition Archives Contemporaines.

Lemoine-Bresson V., Lerat S. et Gremmo M.J. (2020). Former de futurs enseignants à l'interculturalité critique : proposition d'un dispositif pédagogique combinant réflexion théorique et mise en pratique. *Mélanges CRAPEL, 41*(1), 31-48.

Lemoine-Bresson, V. et Trémion, V. (2019, 3-5 juillet). Analyse filmique dans la formation à l'interculturalité des futurs enseignants. Congrès International de l'AREF. Université de Bordeaux.

Leyens, J.P. (2012). *Sommes-nous tous racistes ? Psychologie des racismes ordinaires*. Mardaga.

Lison, C. et Justras, F. (2014). Innover à l'université : penser les situations d'enseignement pour soutenir l'apprentissage. *RIPES, 30*(1), 1-8.

Lorcerie, F. (2021). *Éducation et diversité. Les fondamentaux de l'action.* PUR.

Lüsebrick, H.J. (1996). La perception de l'Autre. *Tangence, 51*, 51-66.

Machado, F. (2005). 3. Des étrangers moins étrangers que d'autres ? La régulation politico-institutionnelle de l'immigration au Portugal. Dans É. Ritaine (dir.), *L'Europe du Sud face à l'immigration : Politique de l'Étranger* (p. 109-146). Presses universitaires de France. https://doi.org/10.3917/puf.ritai.2005.01.0109".

Maulini, O. (2019). Que penser… de la diversité à l'école ? *Série « Que penser... ? »*, 1-5. Université de Genève. Maulini diversité école publ-1906.pdf

Martinez, V. (2015). *Construction de l'est et de l'ouest : vers des compétences interculturelles ?* [Thèse de doctorat, université de Turku, Finlande]. Annales universitatis Turkuensis.

Mazouz, S. (2020). *Race*. Anamosa.

Memmi, A. (1882). *Le racisme*. Gallimard.

Michaels, W.B. (2006). *La diversité contre l'égalité.* Raisons d'Agir Éditions.

ministère de l'Éducation nationale (2019, 28 mai). *Circulaire de rentrée 2019, note de service n°2019-087 du 28-05-2019 : les priorités pour l'école primaire.* https://www.education.gouv.fr/bo/19/Hebdo22/MENE1915810C.htm

ministère de l'Éducation nationale (2012, 02 octobre). *Circulaire n°2012-141 du 2-10-2012 : Organisation de la scolarité des élèves allophones nouvellement arrivés.* https://www.education.gouv.fr/bo/12/Hebdo37/MENE1234231C.htm

Moloney, R. et Turunen, T. (2020). Two teachers educators re-thinking practice: intercultural competences in teaching education pedagogy. Dans F. Dervin, R. Moloney, et A. Simpson, (dir.), *Intercultural competence in the work of teachers. Confronting ideologies and practices* (Part. III, chap. 9, version Kindle). Routledge.

Montaigne (de), T. (2018). *L'assignation. Les Noirs n'existent pas*. Grasset.

Mossuz-Lavau, J. (1998). L'inégalité politique des femmes et des hommes : la France face à l'Europe. Dans N. Mosconi (dir.), *Égalité des sexes en éducation et formation* (p. 45-70). Presses Universitaires de France. https://doi.org/10.3917/puf.mosco.1998.01.0045".

Muller, C. (2009). La photographie, déclencheur d'interaction en classe de langue : négociations entre apprenants. *Recherches en didactique des langues et des cultures* [En ligne], 6-1 | DOI : 10.4000/rdlc.2172.

Narcy-Combes, F. (2009). Développer la compétence interculturelle : un défi identitaire. *Recherche et pratiques pédagogiques en langues de spécialité, vol. xxviii* (1), 93-104. DOI : https://doi.org/10.4000/apliut.1239.

Ogay, T. (2001). *De la compétence à la dynamique interculturelle*. Peter Lang.

Ogay, T. et Edelmann, D. (2011). Penser l'interculturalité dans la formation des professionnels : l'incontournable dialectique de la différence. Dans A. Lavanchy, F. Dervin et A. Gajardo (dir.), *Anthropologies de l'interculturalité* (p. 47-71). L'Harmattan.

Oluo, I. (2018). *So you want to talk about race*. Searl Press.

Ory, P. (2021). Publicité et caricature. Dans P. Blanchard et G. Boëtsch (dir.), *Le racisme en images. Déconstruire ensemble* (p. 196-209). Éditions de la Martinière.

Paugam, S. (2018). *Les 100 mots de la sociologie*. Que sais-je ?

Peng, R.Z., Zhu, C. et Wu, W.P. (2020). Visualizing the knowledge domain of intercultural competence research: A biometric analysis. *International Journal of Intercultural Relations, 74*, 58-68.

Poiret, C. (2011). Les processus d'ethnicisation et de raci(ali)sation dans la France contemporaine : Africains, Ultramarins et « Noirs ». *Revue européenne des migrations internationales*, *27*(1), 107-127.

Rey, B. (2014). *La notion de compétence en éducation et en formation. Enjeux et problèmes*. De Boeck.

Saukko, P. (2003). *Doing research in cultural studies. An introduction to classical and new methodological approaches*. SAGE.

Sommier, M., Bousquet, D. et Frame, A. (2021). From ivory tower to social arena: critical approaches to cultural identity in the public sphere. *Language and Intercultural Communication, vol. 21, 6*, 711-716.

Spitzberg, B.H et Changnon, G. (2009). Conceptualizing intercultural competence. Dans D.K. Deardorff (dir.), *The SAGE handbook of intercultural competence* (p. 2-52). SAGE.

Sue, D.W. (2010). *Microaggressions in everyday life. Race, gender, sexual orientation.* Wiley.

Sue, D. W. et Capodilupo, C. M. (2008). Racial, gender, and sexual orientation microaggressions: Implications for counseling and psychotherapy. Dans D. W. Sue et D. Sue (dir.), *Counseling the culturally diverse: Theory and practice*. John Wiley & Sons.

Sue, D. W. et Constantine, M. G. (2007). Racial micro-aggressions as instigators of difficult dialogues on race: implications for students' affairs educators and students. *The College Student Affairs Journal*, Vol. 26, 2, 136-143.

Tighanimine, M. (2017). *Différente comme tout le monde*. Le passeur. Édition du Kindle.

UNESCO (2015). « Éducation 2030 ». Déclaration d'Incheon et cadre d'action pour la mise en œuvre de l'objectif de développement durable 4. Assurer à tous une éducation équitable, inclusive et de qualité et des possibilités d'apprentissage tout au long de la vie. http://uis.unesco.org/sites/default/files/documents/education-2030-incheon-framework-for-action-implementation-of-sdg4-2016-fr.pdf

Virey, J.J. (1801). *Histoire naturelle du genre humain*. F. Dufart. https://gallica.bnf.fr/ark:/12148/bpt6k3041217z#

Wieviorka, M. (2005). 9. La République, la colonisation. Et après.... Dans N. Bancel (dir.), *La fracture coloniale : La société française au prisme de l'héritage colonial* (p. 113-119). La Découverte. https://doi.org/10.3917/dec.blanc.2005.01.0113".

Yaiche, F. (2002). *Photos-Expressions*. Hachette.

Zembylas, M. (2010). Teachers' emotional experiences of growing diversity and multiculturalism in schools and the prospects of *an ethic of discomfort*. *Teachers and Teaching: theory and practice*, *16*(6), 703-716, DOI: 10.1080/13540602.2010.517687

Zembylas, M. (2005). Science education: for citizenship and/or social justice? *Journal of Curriculum Studies, 37*(6), 709-722.

Zembylas, M. et Papamickael, E. (2017). Pedagogies of discomfort and empathy in multicultural education. *Intercultural Education*, *28*(1), 1-19. DOI: 10.1080/14675986.2017.1288

Table des matières

Structures éditoriales du groupe L'Harmattan

L'Harmattan Italie
Via degli Artisti, 15
10124 Torino
harmattan.italia@gmail.com

L'Harmattan Hongrie
Kossuth l. u. 14-16.
1053 Budapest
harmattan@harmattan.hu

L'Harmattan Sénégal
10 VDN en face Mermoz
BP 45034 Dakar-Fann
senharmattan@gmail.com

L'Harmattan Cameroun
TSINGA/FECAFOOT
BP 11486 Yaoundé
inkoukam@gmail.com

L'Harmattan Burkina Faso
Achille Somé – tengnule@hotmail.fr

L'Harmattan Guinée
Almamya, rue KA 028 OKB Agency
BP 3470 Conakry
harmattanguinee@yahoo.fr

L'Harmattan RDC
185, avenue Nyangwe
Commune de Lingwala – Kinshasa
matangilamusadila@yahoo.fr

L'Harmattan Congo
219, avenue Nelson Mandela
BP 2874 Brazzaville
harmattan.congo@yahoo.fr

L'Harmattan Mali
ACI 2000 - Immeuble Mgr Jean Marie Cisse
Bureau 10
BP 145 Bamako-Mali
mali@harmattan.fr

L'Harmattan Togo
Djidjole – Lomé
Maison Amela
face EPP BATOME
ddamela@aol.com

L'Harmattan Côte d'Ivoire
Résidence Karl – Cité des Arts
Abidjan-Cocody
03 BP 1588 Abidjan
espace_harmattan.ci@hotmail.fr

Nos librairies en France

Librairie internationale
16, rue des Écoles
75005 Paris
librairie.internationale@harmattan.fr
01 40 46 79 11
www.librairieharmattan.com

Librairie des savoirs
21, rue des Écoles
75005 Paris
librairie.sh@harmattan.fr
01 46 34 13 71
www.librairieharmattansh.com

Librairie Le Lucernaire
53, rue Notre-Dame-des-Champs
75006 Paris
librairie@lucernaire.fr
01 42 22 67 13

www.ingramcontent.com/pod-product-compliance
Lightning Source LLC
LaVergne TN
LVHW011713230826
846091LV00015BA/4140
9782140291937